BVT

**Gebrauchsanweisungen für das 21. Jahrhundert**

Eine Taschenbuchreihe, die Orientierungshilfen für unsere Welt der Veränderungen und Beschleunigungen gibt. Es geht um die Trends von heute, die das Morgen bestimmen werden: neue Ideen, Mächte, Kulturen – und vor allem geht es um die Umwälzungen in Wissenschaft und Technik.

Die »Gebrauchsanweisungen« werden manches Ungewohnte enthalten. Denn wer weiterdenken will, muss in vielen Fällen radikal umdenken.

Die Autoren der Reihe sind Wissenschaftler und Wissenschaftsjournalisten, die als Kundschafter der Gegenwart einen Blick in die Zukunft riskieren. *Gero von Randow, Herausgeber*

Michael Braungart und William McDonough prophezeien eine ökologisch-industrielle Revolution: Zukünftig lassen sich neue Autos aus alten herstellen, und unsere Schuhe werfen wir nach Gebrauch guten Gewissens auf den Müll. Voraussetzung ist ein revolutionäres Produktdesign: Wir müssen einfach intelligent produzieren und uns dabei an der Natur orientieren. Sie zeigt uns, wie wir die Dinge tatsächlich besser machen können.

*Michael Braungart* ist Chemiker und Präsident des Hamburger Umweltinstituts und Professor für Chemische Verfahrenstechnik und Stoffstrommanagement an der Fachhochschule Lüneburg sowie Wissenschaftlicher Leiter der 1987 von ihm gegründeten EPEA Internationale Umweltforschung GmbH in Hamburg. Er lehrt zurzeit an der University of Virginia und am MIT in Boston.

*William McDonough* ist Professor für Architektur an der University of Virginia und Pionier für umweltverträgliche und menschenfreundliche Architektur. 1996 erhielt er den Preis für Nachhaltige Entwicklung, die höchste Ehrung für den Umweltschutz, die in den USA vom Präsidenten vergeben wird.

**Michael Braungart**
**William McDonough**

# *Einfach intelligent produzieren*

**Cradle to cradle: Die Natur zeigt, wie wir die Dinge besser machen können**

Aus dem Amerikanischen von
Karin Schuler und Ursula Pesch

Gebrauchsanweisungen
für das 21. Jahrhundert

Herausgegeben von
Gero von Randow

Berliner Taschenbuch Verlag

Deutsche Erstausgabe
Juni 2003
BvT Berliner Taschenbuch Verlags GmbH, Berlin
Die Originalausgabe erschien 2002 unter dem Titel
*Cradle to Cradle: Remaking the Way We Make Things*
bei North Point Press, a division of Farrar, Straus & Giroux, New York

Redaktion: Christian Jerger, Berlin
Umschlaggestaltung: Nina Rothfos und Patrick Gabler, Hamburg,
unter Verwendung einer Fotografie von © The Image Bank/George Logan
Gesetzt aus der Minion durch psb, Berlin
Druck und Bindung: Elsnerdruck, Berlin
Printed in Germany · ISBN 3-442-76183-2

*Für unsere Familien und für alle Kinder*
*aller Lebewesen für alle Zeiten*

# Inhalt

Diese Welt wird den derzeitigen Krisenzustand
nicht überwinden, wenn sie die Denkweise beibehält,
die diese Situation hervorgebracht hat.

**Albert Einstein**

Betrachte die Sonne.
Sieh den Mond und die Sterne.
Erkenne die Schönheit der Natur.
Und dann denke nach.

**Hildegard von Bingen**

Das, was ihr als eure natürlichen Ressourcen bezeichnet,
sind für uns unsere Verwandten.

**Oren Lyons, Medizinmann der Onondaga**

# Vorwort zur deutschen Ausgabe

Dieses Buch erscheint in vielen Sprachen. Unter anderem auf Spanisch, Italienisch, Koreanisch oder auch Chinesisch. Die amerikanische Originalausgabe wird auf Kunststoffpapier gedruckt, mit Farben, die später wieder als Druckfarben eingesetzt werden können. Aus dem weißem »Papier« wird – sollte dieses Buch nicht mehr gebraucht werden – wieder weißes »Papier« gleicher Qualität. Anderswo, so auch in Deutschland, dauern manche Dinge eben etwas länger. Immerhin zum Trost: Das Papier des vorliegenden Buches wird ohne jede Verwendung von Chlor und optischen Aufhellern produziert. Die Abwasserbelastung wurde deutlich reduziert. Ein Beispiel für Öko-Effizienz – Optimierung des Bestehenden anstatt echter Innovation.

Die kulturellen Unterschiede zwischen den USA und Mitteleuropa sind nicht nur beim Thema Nachhaltigkeit riesig und auch in diesem Buch erkennbar. Während in Deutschland der moralinsaure *Blaue Engel* die Verbraucher mit Schuldgefühlen zum Vermeiden, Vermindern, Reduzieren, Verzichten, Minimieren usw. veranlassen soll, wird in den USA munter weiter verschwendet. Doch auch die Natur ist verschwenderisch, wenn Ressourcen im Überfluss zur Verfügung stehen. Ein Kirschbaum im Frühling – was für eine Verschwendung von Formen, Farben, Energie und Rohstoffen.

Solche Verschwendung fördert die Vitalität der Natur, da alle Materialien in Kreisläufe zurückgehen. Es kommt also nicht darauf an, den ökologischen Fußabdruck zu minimieren, sondern ein Feuchtgebiet daraus zu machen.

Westeuropäisches Schulddenken, nördlich protestantisch geprägt, geht davon aus, dass Menschen von Anfang an böse und naturfeindlich sind, dass Menschen und Industrieunternehmen reguliert und kontrolliert werden müssen, um möglichst wenig schädlich für die Natur und ihre Mitmenschen zu sein. Die zentrale Botschaft dieses Buches geht im Gegensatz dazu von einem positiven Menschenbild aus. Wenn die Menschen es lernen, alle ihre Stoffströme in Nährstoffkreisläufe zu bringen, so wie es die Ameisen für biologische Nährstoffe vormachen, hat die Erde kein Überbevölkerungsproblem. In Anlehnung an Joseph Beuys' optimistische Prognose kann jeder Mensch Künstler und in diesem Sinne auch Nährstoffmanager sein.

Zwischen Herstellern und Kunden solcher intelligenter Produkte entsteht eine Partnerschaft. Je mehr von einem Produkt gekauft wird, desto schneller können Nährstoffkreisläufe geschlossen werden, um Nährstoffe in biologische Kreisläufe zurückzubringen. Technische Nährstoffe, wie zum Beispiel Metalle, können über »Ökoleasing« in technische Nährstoffkreisläufe zurück gebracht werden.

Als ich 1988 ein Fernsehgerät untersuchte und dabei 4360 verschiedene Chemikalien nachweisen konnte, stellte ich die Frage, ob denn ein Kunde Sondermüll als Eigentum haben oder nur eben fernsehen wolle. Damals wurde ich als »Ökokommunist« beschimpft. Eigentum war im Kalten Krieg Religion für den Westen. Heute sind Dienstleistungskonzepte wie Leasingmodelle längst Realität.

Anfang der neunziger Jahre konzentrierte ich meine wissenschaftliche Arbeit in den USA, wo ich in New York ein eigenes Büro aufbaute und William McDonough kennen lernte. Bill hat mir sehr geholfen im US-Kontext meine Konzeptionen zu formulieren und weiter zu entwickeln. Die amerikanische Mentalität, auch mal verwegen über Dinge zu spekulieren, die man nicht studiert hat, kommt mir sehr gelegen. Wer hier zu Lande einen wissenschaftlichen Vortrag hält und dazu eine schräge Anmerkung macht, passend oder nicht passend, gilt gleich als unseriös. In den USA gilt ein wissenschaftlicher Vortrag, der nur wissenschaftlich ist, schnell als langweilig. Auch die Art und Weise, wissenschaftliche Fragestellungen einem breiten Publikum zu vermitteln, ist völlig unterschiedlich.

Die amerikanische Erzählweise dieses Buches gibt dem deutschen Leser aber auch die Möglichkeit, neu über bisherige Konzepte nachzudenken. Die deutsche Öko-Effizienz, die Schuldgefühle in Produktivitätsfortschritte umgewandelt hat, steht im Gegensatz zu unserer Denkweise der Öko-Effektivität. Ein bisschen Distanz kann deshalb nicht schaden. Es gibt aber auch positive Aspekte des kollektiven Schuldgefühls. In der westlichen Welt sind aus 30 Jahren Weltuntergangsdiskussion viele Fachleute hervorgegangen, die beispielhafte Produkte entwickeln, die gegenüber Billigimporten aus Schwellenländern Vorteile haben.

Lange haben die Deutschen gemeint, Weltspitze im Umweltschutz zu sein. Tatsächlich jedoch stagniert das Land seit über 15 Jahren. Man hat Umweltschutz wesentlich als Verringerung von Zerstörung durch »End of Pipe«-Technik begriffen.

Fast unbemerkt von uns hier in Deutschland, gibt es in den USA inzwischen sehr erfolgreich umweltverträgliches Produktdesign. Auch Rücknahmeregelungen für Produkte gehen dort oft wesentlich weiter als es deutsche US-Vorurteile erwarten lassen. Ist es nicht bemerkenswert, dass die einzige Teppichbodenrecyclinganlage in Europa in Brandenburg ausschließlich mit amerikanischen Teppichböden betrieben wird, da es in Europa keine Rücknahmeregelungen für Teppichböden gibt? Umweltverträgliches Design wird inzwischen an vielen Hochschulen der USA gelehrt. Während bei uns Kreislaufwirtschaft im Allgemeinen nur als thermisches »Recycling« verstanden wird, werden in den USA beispielhaft Umweltfachleute ausgebildet.

Der deutsche Weg, Umweltprobleme mit Verbrennungsanlagen aus der Welt schaffen zu wollen, ist eine große Bedrohung für echte Kreislaufwirtschaft. Denn in Verbrennungsanlagen gehen alle Nährstoffe verloren. Es war wohl immer schon eine deutsche Besonderheit, wenn man durch Probleme überfordert wird, nicht fortschrittlich zu werden und neue Lösungen zu suchen, sondern auf archaische Verhaltensweisen zurückzufallen und das Bedrohliche (wilde Tiere, neue Gedanken) oder vermeintlich Bedrohliche mit Feuer bekämpfen zu wollen.

Dieser schrecklichen Art deutscher Gründlichkeit setzen wir Verschwenden in Nährstoffkreisläufen entgegen. Die Denkweise in einem »Design for Reincarnation« ist inzwischen in den USA sehr populär.

Eine Vielzahl amerikanischer Firmen hat sich mittlerweile zu Öko-Effektivität bekannt. Unsere Denkweise ist sehr stark von asiatischen Traditionen beeinflusst. Wenn man in manchen Regionen in China auf dem Lande zum Essen eingeladen ist, gilt es als unhöflich, sich zu verabschieden, ohne vorher die Toilette aufgesucht zu haben. Schließlich möchten die Gastgeber die wertvollen Nährstoffe zurückhaben.

Die westliche Überbetonung des Individuums erschwert ein solches Denken in Kreisläufen. Es ist zu erwarten, und vielleicht auch zu befürchten, dass das »Cradle to cradle«-Konzept (*von der Wiege zur Wiege*) in Asien weit schneller begriffen wird als in unserer Gesellschaft. Es könnten daraus dann Produkte entstehen, die nicht nur kostengünstiger sind, sondern in Bezug auf Gesundheit und Umweltverträglichkeit unseren Produkte auch bei weitem überlegen. Die chinesische Erstauflage dieses Buches ist weit höher als alle anderen Auflagen zusammen.

Die Entdeckung der Prinzipien von Nährstoffkreisläufen gelang mir im Dialog mit Bill McDonough, vor dem Hintergrund einer fundierten, vorzüglichen Schul- und Hochschulbildung und durch die Förderung durch viele Menschen, die mich unterstützt haben, als dieses Denken noch nicht so populär war. Stellvertretend für viele, die mir in Deutschland über viele Jahre geholfen haben, möchte ich einige wenige nennen: Charlotte Garbe, Maximilian Gege, Monika Griefahn, Kolleginnen und Kollegen bei EPEA und im Hamburger Umweltinstitut sowie bei BAUM e.V. im Ökoinstitut und im Wuppertal-Institut, Friedhelm Korte, Rolf Kunisch, Heidrun und Siegfried Lemke, Werner Marnette, Michael Otto, Mathias Prinz, Norbert Rethmann, Klaus Steilmann, Wouter van Dieren, Alexandra von Rehlingen, Ernst Ulrich von Weizsäcker, Hubert Wolf, Rüdiger Ziegler, Peter Zühlsdorff, ebenso Fachleute im Umweltbundesamt und bei Greenpeace sowie engagierte Leute im Politikbereich und an Hochschulen. Herzlichen Dank auch für die Unterstützung, die ich durch meine Eltern, meine Geschwister, Frau und Kinder erhalten habe.

Anmerkungen, Kritik, Ergänzungen sind erwünscht.

*Hamburg, im Juni 2003*
*Michael Braungart*

# Einleitung
# Dieses Buch war ein Baum

Endlich! Endlich haben Sie Zeit, sich in Ihren Lieblingssessel sinken zu lassen, sich zu entspannen und ein Buch in die Hand zu nehmen. Ihre Tochter sitzt im Zimmer nebenan vor dem Computer, während das Baby auf dem Teppich herumkrabbelt und mit einem Haufen bunten Plastikspielzeugs spielt. In diesem Moment haben Sie sicherlich das Gefühl, die Welt sei in Ordnung. Könnte es ein überzeugenderes Bild der Ruhe, des Wohlbehagens und der Sicherheit geben?

Betrachten wir das Ganze etwas genauer. Zuerst diesen bequemen Stuhl, auf dem Sie sitzen. Wussten Sie, dass der Bezugsstoff mutagene Substanzen, Schwermetalle, gefährliche Chemikalien und Farbstoffe enthält, die die Gesundheitsbehörden oft als gesundheitsschädigend einstufen – wovon der Kunde allerdings nichts erfährt? Wenn Sie in Ihrem Sessel hin und her rutschen, werden Partikel des Stoffbezugs abgerieben und über Nase, Mund und Lunge aufgenommen – mitsamt den gefährlichen Materialien. Wurden Sie darüber informiert, als Sie den Sessel bestellt haben?

Und der Computer, den Ihr Kind benutzt – wussten Sie, dass er mehr als tausend verschiedene Materialien enthält, darunter gefährliche Gase, die freigesetzt werden, toxische Metalle (wie Kadmium, Blei und Quecksilber), Säuren, Plastik, chlor- und bromhaltige Substanzen und andere Zusatzstoffe? Der Staub mancher Laserdruckerpatronen enthält Nickel, Kobalt und Quecksilber, Substanzen, die für den Menschen schädlich sind und die Ihr Kind vielleicht einatmet, während Sie lesen. Ist das verantwortbar? Muss das so sein? Offensichtlich könnte der Computer ohne viele dieser tausend Substanzen nicht funktionieren. Was geschieht mit ihnen, wenn Ihre Familie in ein paar Jahren diesen Computer durch ein neues Modell ersetzen will? Sie haben kaum eine andere Wahl, als das alte Modell und damit seine wertvollen wie auch gefährlichen Materialien »weg«-zuwerfen. Sie wollten einen Computer benutzen, aber gleichzeitig haben Sie unbewusst zum Anwachsen der Müllberge und zur Umweltzerstörung beigetragen.

Aber Moment mal – die Umwelt liegt Ihnen doch am Herzen. Als Sie kürzlich nach einem neuen Teppich suchten, haben Sie doch tatsächlich bewusst einen aus recycelten Plastikwasserflaschen gekauft. Recycelt? Vielleicht sollte man hier der Genauigkeit halber doch *downgecycelt* sagen. Einmal abgesehen von den guten Absichten – Ihr Teppich ist aus Materialien hergestellt, die niemals für eine derartige Weiterverwendung gedacht waren. Sie in diese Form zu pressen, hat genauso viel Energie erfordert – und genauso viel Abfall erzeugt –, wie das bei der Produktion eines neuen Teppichs der Fall gewesen wäre. Und bei alldem ist nichts weiter herausgekommen, als das übliche Schicksal von Produkten um ein bis zwei Lebenszyklen hinauszuschieben. Auch der Teppich ist irgendwann auf dem Weg zu einer Mülldeponie und macht in Ihrem Haus nur Zwischenstation. Außerdem enthält er auf Grund des Recyclingprozesses vielleicht sogar mehr schädliche Zusatzstoffe als ein konventionelles Produkt, so dass sich vielleicht noch mehr Gase und andere Schadstoffe in Ihrem Haus ausbreiten.

Die Schuhe, die Sie auf diesem Teppich von sich geschleudert haben, sehen völlig harmlos aus. Aller Wahrscheinlichkeit nach wurden sie jedoch in einem Entwicklungsland hergestellt, in dem die Arbeitsschutzstandards am Arbeitsplatz – Bestimmungen darüber, in welchem Ausmaß Arbeiter bestimmten Chemikalien ausgesetzt werden dürfen – vermutlich nicht so streng sind wie in Westeuropa oder den Vereinigten Staaten, oder in dem solche Bestimmungen vielleicht gar nicht existieren. Die Arbeiter, die diese Schuhe fertigten, tragen Masken, die sie nur unzureichend vor den gefährlichen Dämpfen schützen. Wie kam es bloß dazu, dass Sie ein Gefühl von Schuld und sozialer Ungerechtigkeit mit nach Hause brachten, wo Sie doch nur neue Schuhe haben wollten?

Und diese Plastikrassel, mit der das Baby spielt – sollte es die in den Mund stecken? Wenn sie aus PVC hergestellt ist, enthält sie wahrscheinlich Phthalate und zinkorganische Substanzen, die erwiesenermaßen bei Tieren Leberkrebs hervorrufen können (und zu Störungen des Hormongleichgewichts führen können), sowie toxische Farbstoffe, Gleitmittel, Antioxidanzien und UV-Stabilisatoren. Warum? Was haben sich die Designer der Spielzeugfirma dabei gedacht?

So viel zu dem Versuch, eine gesunde Umgebung oder gar ein gesundes Heim zu schaffen. So viel zu Ruhe, Wohlbehagen und Sicherheit. Irgendetwas scheint an diesem Bild völlig schief zu sein.

Sehen Sie sich nun dieses Buch an, das Sie in den Händen halten. Dieses Buch ist im amerikanischen Original kein Baum. (In Deutschland dauert alles etwas länger.) Die US-Ausgabe wurde auf synthetischem Papier gedruckt und zu einem Buchformat gebunden, das der innovative Buchhersteller Charles Melcher von Melcher Media entwickelte. Im Unterschied zu dem Papier, an das wir gewöhnt sind, enthält dieses weder Holzmasse noch Baumwollfasern, sondern ist aus Kunststofffolie und anorganischen Füllstoffen hergestellt. Dieses Material ist nicht nur wasserbeständig (Sie können es in der Badewanne lesen), extrem haltbar und vielerorts mit konventionellen Mitteln recycelbar. Es ist auch ein Prototyp für das Buch als »technischer Nährstoff«, das heißt als ein Produkt, das sich aufspalten, in industriellen Prozessen grenzenlos verwenden und sich immer wieder zu »Papier« oder anderen Produkten verarbeiten lässt.

Der Baum, der zu den schönsten Schöpfungen der Natur gehört, spielt in unserem vielfach untereinander vernetzten Ökosystem eine entscheidende und vielseitige Rolle. Als solcher ist er, wie Sie sehen werden, ein wichtiges Modell und eine wichtige Metapher für unser Denken. Als solcher sollte er aber auch nicht zur Herstellung eines so einfachen und kurzlebigen Produktes wie Papier verwendet werden. Der Einsatz eines alternativen Materials macht unsere Absicht deutlich, uns auf der Suche nach effektiveren Lösungen bei der Papierherstellung weg von der Verwendung von Holzfasern zu entwickeln. Er repräsentiert einen Schritt in Richtung eines radikal anderen Ansatzes beim Design und der Produktion von Objekten, die wir gebrauchen und an denen wir Freude haben, einen Schritt, wie wir meinen, in Richtung der nächsten industriellen Revolution. Diese Revolution basiert auf den überraschend effektiven Designprinzipien der Natur, auf menschlicher Kreativität, auf Respekt und Toleranz, auf erfolgreicher wirtschaftlicher Entwicklung und Nachhaltigkeit. Sie hat das nötige Potenzial, sowohl die Industrie als auch die Umweltschutzbewegung in ihrer bisherigen Form zu verändern.

## Auf dem Weg zu einer neuen industriellen Revolution

Wir denken gewöhnlich, die Industrie und die Umwelt lägen miteinander im Widerstreit, weil die konventionellen Methoden der Gewinnung, der Herstellung und der Entsorgung umweltschädlich sind. In den Augen vieler Umweltschützer ist jede Art von wirtschaftlicher Aktivität schlecht und die Industrie als solche (sowie das Wachstum, das sie fordert) zwangsläufig zerstörerisch. Andererseits betrachten Manager in der Industrie die Umweltschützer oft als ein Hindernis für Produktion und Wachstum.

Soll die Umwelt gesund bleiben, müssen die Industrien, so die herkömmliche Meinung, bestimmten Regeln und Einschränkungen unterworfen werden. Wollen die Industrien wachsen, kann der Natur jedoch kein Vorrang eingeräumt werden. Es scheint, dass diese beiden Systeme nicht in ein und derselben Welt gedeihen können.

Die ökologische Botschaft, die die »Konsumenten« dem Ganzen entnehmen, kann sehr hart und deprimierend sein: Hör auf, so schlecht, so materialistisch, so gierig zu sein. Tu alles, egal, wie unbequem es auch sein mag, um deinen »Konsum« einzuschränken. Kauf weniger, gib weniger aus, hab weniger Kinder – oder keine. Sind die heutigen großen Umweltprobleme – globale Erwärmung, Abholzung der Wälder, Umweltverschmutzung, Abfall – nicht die Folgen unserer dekadenten westlichen Lebensweise? Wenn du einen Beitrag zur Rettung des Planeten leisten willst, musst du Opfer bringen, Ressourcen mit anderen teilen oder sogar ganz ohne sie auskommen. Und schon sehr bald wirst du dich einer Welt voller Einschränkungen gegenübersehen. Denn dem, was die Erde aushalten kann, sind Grenzen gesetzt.

Soll das vielleicht Spaß machen?

Wir – die Autoren dieses Buches – kennen beide Welten, die der Natur und die des Geschäftslebens, und sind da anderer Meinung.

Einer von uns (Bill) ist Architekt, der andere (Michael) Chemiker. Als wir uns kennen lernten, kamen wir, wie man sagen könnte, von entgegengesetzten Polen des Umweltspektrums.

## Bill erinnert sich

Ich wurde stark von Erfahrungen geprägt, die ich im Ausland gemacht hatte – zunächst in Japan, wo ich meine frühe Kindheit verbrachte. Ich verbinde Japan mit einer gewissen Knappheit an Land und Ressourcen, aber auch mit der Schönheit des traditionellen japanischen Heims mit seinen Papierwänden und tropfnassen Gärten, seinen warmen Futons und dampfenden Bädern. Ich erinnere mich auch an wattierte Winterkleidung und an Bauernhäuser mit dicken Wänden aus Lehm und Stroh, die das Innere im Winter warm und im Sommer kühl hielten. Während meiner Collegezeit begleitete ich einen Professor für Stadtentwicklung nach Jordanien, um Unterkünfte für die Beduinen zu entwickeln, die sich im Jordantal niederließen. Dort waren die Ressourcen noch knapper – Nahrungsmittel, Land, Energie und vor allem Wasser –, aber auch hier war ich beeindruckt, wie einfach und elegant und wie übereinstimmend mit den örtlichen Gegebenheiten gutes Design sein konnte. Die aus Ziegenhaar gewebten Zelte, die die Beduinen als Nomaden benutzt hatten, zogen die heiße Luft nach oben und aus dem Zelt heraus und sorgten nicht nur für Schatten, sondern auch für einen kleinen Luftzug im Inneren. Wenn es regnete, dehnten sich die Fasern aus und das Zelt wurde straff wie eine Trommel. Es war tragbar und leicht zu reparieren: Die »Faserfabrik« – die Ziegen – folgte den Beduinen überallhin. Dieses raffinierte, zweckdienliche, für die Einheimischen wichtige und prächtige Design stand in krassem Gegensatz zu den typischen modernen Designs, die ich in meinem eigenen Land gesehen hatte, Designs, die selten einen so sinnvollen Gebrauch von örtlich gegebenem Material und vorhandenen Energieströmen machten.

Als ich in die Vereinigten Staaten zurückkehrte und die Universität besuchte, wurde die Energie-Effizienz von Designern und Architekten als einziges wirkliches »Umwelt«-Thema betrachtet. Das Interesse an der Solarenergie war in den siebziger Jahren erwacht, als die Preise für Erdgas in die Höhe schnellten. Ich entwarf und baute das erste Haus in Irland mit Solarheizung (ein ehrgeiziges Projekt, da in Irland nicht so oft die Sonne scheint), was mir einen Vorgeschmack von den Schwierigkeiten gab, universelle Lösungen auf regionale Gegebenheiten anzuwenden. Zu den Strategien, die Experten mir empfahlen, gehörte der Bau eines riesigen Vorratsbehälters aus Stein zum Speichern von Wärme, was, wie ich nach dem Herbeischleppen von 30 Tonnen Gestein feststellte, in einem irischen Haus mit seinem dicken Mauerwerk überflüssig war.

Nach dem Hochschulabschluss ging ich bei einem für seinen problembewussten und sozial verantwortlichen städtischen Wohnungsbau bekannten Unternehmen in die Lehre und gründete dann 1981 meine eigene Firma. 1984 wurden wir beauftragt, die Büros für den Environmental Defense Fund zu entwerfen, die ersten so genannten grünen Büros. Ich arbeitete an der Luftqualität in Innenräumen, ein Thema, mit dem sich kaum jemand ausführlich beschäftigt hatte. Besonders wichtig waren für uns flüchtige organische Verbindungen, Krebs erregende Stoffe und alle anderen in Farben, Tapeten, Teppichen, Fußbodenbelägen und dem Inventar enthaltenen Stoffe, durch die Probleme in Bezug auf die Luftqualität in geschlossenen Räumen oder auf Chemikalienunverträglichkeiten (MCS) hervorgerufen werden können. Da es nur wenige oder gar keine wissenschaftlichen Untersuchungen zu diesem Thema gab, wandten wir uns an die Hersteller, von denen wir oft hörten, die Informationen seien nur für interne Zwecke bestimmt, und die uns außer den vagen, gesetzlichen Bestimmungen in den Sicherheitsdatenblättern nichts zu bieten hatten. Wir taten damals unser Bestes. Wir verwendeten Farben auf Wasserbasis. Wir nagelten Teppiche fest, statt sie zu verkleben. Wir sorgten für

0,85 $m^3$ (statt 0,14 $m^3$) frische Luft pro Person pro Minute. Wir ließen Granit auf Radon untersuchen. Wir verwendeten Holz aus nachhaltiger Forstwirtschaft. Wir versuchten, weniger schlecht zu sein.

Die meisten führenden Designer scheuten davor zurück, sich mit Umweltfragen auseinander zu setzen. Viele umweltbewusste Designer wandten isoliert Umwelt-»Lösungen« an, pfropften dem althergebrachten Modell neue Technologien auf oder entwickelten riesige Sonnenkollektoren, die sich im Sommer überhitzen. Die entstandenen Gebäude waren oft hässlich und zu aufwändig und die Maßnahmen nicht sonderlich effektiv. Selbst als Architekten und Industriedesigner begannen, recycelte oder dauerhafte Werkstoffe zu verwenden, beschäftigten sie sich vor allem mit Oberflächen – mit dem, was gut aussah, was leicht erhältlich war und was sie sich leisten konnten.

Ich wollte mehr erreichen. Vor allem zwei Projekte inspirierten mich, ernsthaft über meine Pläne als Designer nachzudenken. 1987 baten mich Mitglieder der jüdischen Gemeinde in New York, einen Entwurf für ein Holocaust-Denkmal vorzulegen, eine Stätte, an der die Menschen meditieren konnten. Ich besuchte Auschwitz und Birkenau, um zu sehen, wohin die schlimmsten menschlichen Absichten führen konnten: riesige Maschinen, dazu gedacht, menschliches Leben auszulöschen. Mir wurde klar, dass Design immer Ausdruck bestimmter Absichten ist. Was können Designer im Idealfall beabsichtigen, fragte ich mich, und wie könnte sich diese Absicht in einem Gebäude manifestieren? Das zweite Projekt war ein Entwurf für eine Kindertagesstätte in Frankfurt, und wiederum stand die Frage der Luftqualität in geschlossenen Räumen im Mittelpunkt. Was bedeutete es, etwas zu entwerfen, das für Kinder gesundheitlich völlig unbedenklich ist, vor allem, wenn entsprechendes Baumaterial kaum zu existieren schien?

Ich hatte es satt, mich dafür ins Zeug zu legen, weniger schlecht zu sein. Ich wollte daran mitwirken, mit ausschließlich guten Absichten Gebäude, ja auch Produkte zu entwickeln.

## Michaels Geschichte

Ich stamme aus einer Familie, in der Geisteswissenschaften besonders geschätzt werden. Chemie begann mich erst zu interessieren, als wir in der zehnten Klasse eine junge und schöne Chemielehrerin bekamen. Seit Mitte der siebziger Jahre gab es in Deutschland eine politische Debatte über die Verwendung von Pestiziden und anderen problematischen Chemikalien sowie über Grenzen des Wachstums, so dass ich mein Studium gegenüber meiner Familie als sinnvoll rechtfertigen konnte. Ich studierte an Universitäten, an denen ich etwas über Umweltchemie lernen konnte, und wurde vor allem von Professor Friedhelm Korte beeinflusst, der wesentlich dazu beitrug, die »Ökologische Chemie« zu entwickeln. 1978 gehörte ich zu den Gründungsmitgliedern der »Grünen Aktion Zukunft«. Aus dieser ging die Partei der Grünen hervor, deren Hauptanliegen damals der Umweltschutz war.

Gleichzeitig machte ich mir einen Namen als Umweltschützer. Greenpeace, damals eine Gruppe von Aktivisten, unter denen kaum studierte Naturwissenschaftler oder Umweltforscher waren, bat mich, mitzuarbeiten. Ich leitete die Chemieabteilung von Greenpeace und verhalf der Organisation zu einem Protest auf wissenschaftlicher Grundlage. Doch schon bald wurde mir klar, dass es nicht ausreichte, zu protestieren und Probleme anzuprangern. Es müssen Lösungen gefunden werden. Für mich persönlich kam der Wendepunkt nach einer Protestaktion gegen eine Reihe von Chemieunfällen durch die damalig Schweizer Unternehmen Sandoz und Ciba-Geigy: Nachdem ein Feuer in einer riesigen Lagerhalle von Sandoz mit gefährlichen Chemikalien gelöscht und das giftige Löschwasser in den Rhein geflossen war und auf einer Strecke von über 160 Kilometern das Ökosystem des Flusses massiv geschädigt hatte, koordinierte ich eine Greenpeace-Aktion, bei der wir auf einen der Ciba-Geigy-Schornsteine in Basel kletterten. Als wir nach zwei Tagen unsere Aktion beendeten, empfing Anton Schaerli, der Direktor des Unternehmens, uns mit Blumen für die Aktivistinnen und heißer Suppe. Obwohl er die Art, wie wir unseren Protest zum Ausdruck gebracht hatten, ablehne, habe er sich Sorgen um unsere Sicherheit gemacht. Er teile persönlich unser Anliegen und wolle hören, was wir zu sagen hätten.

Es ergab sich daraus eine ganze Serie von Gesprächen mit dem Ciba-Geigy-Vorstand. Wir sprachen auch über meinen Plan, mit finanziellen Mitteln von Greenpeace ein Umweltinstitut zur Entwicklung von Lösungen zu gründen, das ich EPEA (Environmental Protection Enforcement Agency) nennen wollte. Der Direktor war begeistert und schlug eine kleine Änderung des Namens vor: »Encouragement« statt »Enforcement«. Das klinge nicht so feindselig und sei für Manager in Industrieunternehmen akzeptierbar. Ich beherzigte seinen Rat.

Und so wurde ich 1987 Leiter der EPEA (Internationale Umweltforschung GmbH), die Büros in mehreren Ländern einrichtete und die Beziehung zum Top-Management in diesem großen Unternehmen intensivierte.

Mit Unterstützung von Alex Krauer, dem damaligen Vorstandsvorsitzenden von Ciba-Geigy, untersuchte ich in anderen Kulturen den Umgang mit dem Kreislauf von Nährstoffen. So verbrennen zum Beispiel die Yanomani-Indianer in Brasilien ihre Toten und rühren die Asche in Bananenbrei ein, den der Stamm dann bei einem rituellen Fest verspeist. Viele Menschen glauben an Karma und Reinkarnation, an ein »Upcycling« der

Seele, wenn Sie so wollen. Diese Perspektiven erweiterten meinen Horizont und veränderten meinen Umgang mit dem Abfallproblem in der westlichen Tradition.

Aber es blieb schwierig, andere Chemiker zu finden, die an diesen Fragen überhaupt Interesse hatten, ganz zu schweigen von irgendwelchen Erfahrungen. Das Studium der Chemie klammert Lösungen von Umweltfragen noch immer weitgehend aus, und die Wissenschaft an Hochschulen als Ganzes ist mehr an der strukturellen Erforschung von Problemen als an Strategien des Wandels interessiert. Wissenschaftler werden gewöhnlich dafür bezahlt, Probleme zu untersuchen, und nicht, Lösungen zu finden. Es ist in der Tat so, dass normalerweise keine weiteren Forschungsgelder bewilligt werden, sobald eine Lösung für das zu untersuchende Problem gefunden wurde. Das bringt die Wissenschaftler, die sich – wie alle anderen auch – den Lebensunterhalt für ihre Mitarbeiter, Diplomanden und Doktoranden verdienen müssen, in eine seltsame Situation: Probleme werden für »ungeklärt« erklärt, um den akademischen Nachwuchs zu finanzieren; Politik und Industrie sind glücklich, denn solange geforscht wird, muss nicht gehandelt werden. Außerdem sind wir Wissenschaftler eher in der Analyse als der Synthese ausgebildet. Ich könnte Ihnen alles über die Bestandteile und potenziell negativen Wirkungen von Weichmachern, PVC, Schwermetallen und vielen anderen schädlichen Substanzen erzählen, mit denen ich mich während meiner Grundlagenforschungszeit beschäftigte. Aber meine Kollegen und ich hatten keine Vorstellung davon, wie sich dieses Umweltwissen mit gutem Design verbinden ließ.

Als ich Bill kennen lernte, sahen die Umweltschützer, die ich kannte, erwartungsvoll dem Weltgipfel von 1992 entgegen, bei dem die Themen »Nachhaltige Entwicklung« und »Globale Erwärmung« im Vordergrund stehen sollten. Dort sollten Vertreter der Industrie ebenso wie Umweltschützer vertreten sein. Ich hielt es strategisch für geeignet, der Industrie böse Absichten und dem Umweltschutz ethische Überlegenheit zu unterstellen, auch wenn ich für mich persönlich, wohl wissend, warum ich mich für Ökologische Chemie ursprünglich interessiert hatte, nie eine allgemeine moralische Überlegenheit in Anspruch genommen habe. Ich konzentrierte mich darauf, die oft gefährlichen oder fragwürdigen Materialien zu analysieren, die für Produkte des alltäglichen Gebrauchs, wie beispielsweise Fernseher, verwendet wurden, und hoffte, eine Strategie zu entwickeln, die es uns ermöglichen würde, die schlimmsten Folgen der Industrialisierung zu vermeiden.

Bill und ich lernten uns 1991 kennen, als die EPEA auf einem Dachgarten in New York City einen Empfang gab, um die Eröffnung ihres ersten amerikanischen Büros zu feiern. (Die Einladungen waren auf biologisch abbaubare Windeln gedruckt, um die Tatsache hervorzuheben, dass die konventionellen Wegwerfwindeln als Einzelprodukt den größten Anteil des Abfalls auf Mülldeponien ausmachten.) Wir sprachen über Toxizität und Design. Michael erklärte seine Idee von der Schaffung einer biologisch abbaubaren Mineralwasserflasche, in der Samen von seltenen Pflanzen enthalten sein sollten und die man nach Gebrauch auf den Boden werfen könne, wo sie dann zu Kompost zerfallen und der Samen im Boden aufkeimen würde. Es gab Musik und Tanz und wir sprachen über einen anderen Gegenstand moderner Herstellung: den Schuh. Michael witzelte, dass seine Gäste »gefährlichen Abfall« an den Füßen trügen, denn während sie auf dem rauen Boden des Dachgartens herumwirbelten, würden Partikel abgerieben und Staub erzeugt, den die Menschen einatmeten. Er erzählte, beim Besuch der größten Chromchemikalienfabrik Europas – Chrom ist ein Schwermetall, das bei den meisten industriellen Ledergerbungsverfahren verwendet wird – sei ihm aufgefallen, dass dort nur ältere Männer arbeiteten, die alle Gasmasken trugen. Der Aufseher habe erklärt, dass es im Durchschnitt zwanzig Jahre dauere, bis Arbeiter, die Chrom ausgesetzt seien, an Krebs erkrankten. Deswegen habe das Unternehmen entschieden, nur Arbeiter über fünfzig mit dieser gefährlichen Substanz arbeiten zu lassen.

Das konventionelle Design von Schuhen habe, wie Michael sagte, noch weitere negative Folgen. »Leder«-Schuhe sind eine Mischung aus biologischem Material (dem Leder, das biologisch abbaubar ist) und technischen Stoffen (dem Chrom und anderen Substanzen, die für die Industrie einen Wert darstellen). Bei den gegenwärtigen Methoden der Herstellung und Beseitigung lasse sich, so Michael, keiner dieser Stoffe erfolgreich zurückgewinnen, nachdem der Schuh ausrangiert sei. Von einem materiellen und ökologischen Standpunkt aus könne das Design des durchschnittlichen Schuhs wesentlich intelligenter sein. Wir diskutierten die Idee einer mit biologisch abbaubarem Material beschichteten Sohle, die nach Gebrauch abgelöst werden könne. Der Rest des Schuhs könne aus Kunststoff und Polymeren hergestellt werden, die unschädlich seien und zu neuen Schuhen recycelt werden könnten.

Während über nahe gelegene Dächer Emissionen aus einer Hochhausmüllverbrennungsanlage herüberwehten, diskutierten wir die Tatsache, dass typische Abfälle mit ihrer Mischung aus industriellen und biologischen Stoffen nicht sicher verbrannt werden können. War es nicht möglich, so fragten wir uns, statt deren Verbrennung zu verbieten, bestimmte Produkte und Verpackungen so herzustellen, dass sie sich gefahrlos verbrennen ließen, nachdem der Kunde keine Verwendung mehr für sie hatte? Wir stellten uns eine Industriewelt vor, die die Rücksicht auf Kinder zum Sicherheitsstandard machte. Wie wäre es mit Designs, die, wie Bill sich ausdrückte, »alle Kinder aller Lebewesen für alle Zeiten liebten«?

Auf den unter uns liegenden Straßen nahm der Verkehr zu, ein für New York typischer Verkehrsstau mit lautem Hupen, wütenden Fahrern und zunehmendem Chaos. Im frühen Abendlicht stellten wir uns ein geräuschloses Auto vor, das fahren konnte, ohne fossile Brennstoffe zu verbrennen oder schädliche Abgase auszustoßen. Wo immer wir hinschauten, sahen wir schlecht entworfene Produkte, Verpackungen, Gebäude, Transportmittel, ja sogar ganze Städte. Und uns war klar, dass die konventionellen Methoden des Umweltschutzes – selbst die bestgemeinten und fortschrittlichsten – nicht der Weisheit letzter Schluss waren.

Dieses erste Treffen rief sofort das Interesse wach, zusammenzuarbeiten, und 1991 verfassten wir gemeinsam die *Hannover Principles*, Design-Richtlinien für die Weltausstellung 2000, die beim World Urban Forum des Weltgipfels in Rio 1992 herausgegeben wurden. Die wichtigste dieser Richtlinien lautete »Eliminiere die Entstehung von Abfall« – nicht Abfall reduzieren, minimieren oder vermeiden, wie die Umweltschützer damals vorschlugen, sondern das Konzept als solches durch Design eliminieren. Wir trafen uns in Brasilien, um eine frühe Version dieses Grundsatzes in der Praxis zu begutachten: einen Abfall verarbeitenden Garten, der im Prinzip für die Gemeinde ein riesiger Darm war, der Abfall in Nahrung verwandelte.

Drei Jahre später gründeten wir die McDonough Braungart Design Chemistry. Bill führte sein Architekturbüro weiter und Michael blieb weiterhin Leiter der EPEA in Europa. Außerdem erkannten wir, dass es notwendig ist, unser Wissen auch mit anderen Fachleuten zu diskutieren. Aber nun war uns klar, welche Richtung wir einschlagen mussten, um unsere Ideen in die Praxis umzusetzen und unsere Arbeit in der chemischen Forschung, der Architektur, der Städteplanung und beim Design von Industrieprodukten und Verarbeitungsprozessen in den Dienst des Projekts zu stellen, die Industrieproduktion selbst umzuwandeln. Seit damals arbeiten unsere Institutionen mit einer großen Anzahl von Unternehmen zusammen, z. B. der Ford Motor Company, Herman Miller, Nike und SC Johnson, einer Anzahl von Kommunalregierungen sowie Forschungs- und Ausbildungseinrichtungen, um die von uns entwickelten Designprinzipien umzusetzen.

Wir sehen eine Welt der vielfältigen Möglichkeiten, nicht der Grenzen. Inmitten des vielen Geredes über die Verkleinerung des ökologischen Fußabdrucks bieten wir eine andere Vision. Was wäre, wenn die Menschen Produkte und Systeme entwerfen würden, in denen die Fülle an menschlicher Kreativität, Kultur und Produktivität zum Ausdruck käme? Die so intelligent und sicher sind, dass unsere Spezies einen großen ökologischen Fußabdruck hinterlässt, an dem sich alle Lebewesen erfreuen können, statt über ihn zu lamentieren?

Man denke einmal über Folgendes nach: Zusammen genommen haben alle Ameisen auf unserem Planeten eine Biomasse, die weit größer ist als die der Menschen. Ameisen sind seit Millionen von Jahren unglaublich emsig. Und dabei nährt ihre Produktivität Pflanzen, Tiere und den Boden. Die von den Menschen geschaffene Industrie ist erst seit knapp über einem Jahrhundert in vollem Gang, und dennoch hat sie in fast allen Ökosystemen dieses Planeten zu einer Verschlechterung geführt. Im Gegensatz zu den Menschen hat die Natur kein Designproblem.

# 1. Eine Frage des Designs

Im Frühjahr 1912 verließ eines der größten je von Menschen geschaffenen beweglichen Objekte Southampton, England, in Richtung New York. Es schien der Inbegriff des damaligen industriellen Zeitalters zu sein – ein mächtiges Symbol für Technologie, Wohlstand, Luxus und Fortschritt. Es wog 66 000 Tonnen. Sein Stahlrumpf war so lang wie vier Wohnblocks. Jede seiner Dampfmaschinen hatte die Größe eines Stadthauses. Und es steuerte auf eine verhängnisvolle Begegnung mit der Natur zu.

Dieses Schiff war natürlich die *Titanic*, ein wahres Ungetüm, das allen Naturkräften zu trotzen schien. Nach Ansicht des Kapitäns, der Besatzung und vieler seiner Passagiere war es unsinkbar.

Die *Titanic* war, wie man sagen könnte, nicht nur ein Produkt der industriellen Revolution, sondern sie ist auch eine noch heute passende Metapher für die durch diese hervorgebrachte industrielle Struktur. Wie das berühmte Schiff wird diese Infrastruktur durch jene brutalen und künstlichen Energiequellen angetrieben, die unsere Umwelt aufbrauchen. Abfall wird ins Wasser und Rauch in die Luft geleitet. Sie funktioniert nach ihren eigenen, der Natur zuwiderlaufenden Regeln. Und obwohl diese Struktur unbesiegbar erscheinen mag, bergen die fundamentalen Fehler in ihrem Design Unglück und Katastrophen in sich.

## Ein kurzer Rückblick auf die industrielle Revolution

Stellen Sie sich vor, man hätte Sie vor die Aufgabe gestellt, im Nachhinein die industrielle Revolution zu entwerfen. Angesichts ihrer negativen Folgen müsste die Aufgabe etwa folgendermaßen aussehen:

Entwerfen Sie ein Produktionssystem, das

- jährlich riesige Mengen an Schadstoffen in die Luft, ins Wasser und den Boden leitet;
- einige Stoffe produziert, die so gefährlich sind, dass sie von zukünftigen Generationen ständig überwacht werden müssen;
- riesige Müllberge produziert;
- wertvolle Materialien in Löcher überall auf dem Planeten stopft, aus denen sie nie wieder zurückgewonnen werden können;
- Tausende komplexer Vorschriften erfordert – nicht um der Sicherheit der Menschen und natürlichen Systeme willen, sondern vielmehr, um diese davor zu bewahren, zu schnell vergiftet zu werden;
- die Produktivität daran misst, wie wenig Menschen Arbeit haben;
- Wohlstand schafft, indem natürliche Ressourcen aus dem Boden geholt oder abgeholzt und dann vergraben oder verbrannt werden;
- die Vielfalt der Arten und kulturellen Bräuche nach und nach auslöscht.

Natürlich hatten die Industriellen, Ingenieure, Erfinder und anderen führenden Köpfe der industriellen Revolution solche Folgen nicht eingeplant. Tatsächlich wurde die industrielle Revolution nicht als Ganzes geplant. Sie nahm allmählich Gestalt an, als Industrielle, Ingenieure und Designer versuchten, Probleme zu lösen und einen unmittelbaren Vorteil aus dem zu ziehen, was sie als günstige Gelegenheiten in einer beispiellosen Zeit des tief greifenden und rapiden Wandels betrachteten.

Es begann mit Textilien in England, einem Land, in dem man jahrhundertelang vor allem Landwirtschaft betrieben hatte. Die Bauern bestellten ihren Acker, die ländlichen und städtischen Zünfte sorgten für Nahrung und Waren, und die Industrie bestand aus Handwerkern, die selbstständig im Nebenerwerb zur Landwirtschaft arbeiteten. Innerhalb weniger Jahrzehnte wurde diese Heimindustrie, die bei der Produktion kleiner Mengen von Wollstoffen von der Geschicklichkeit einzelner Arbeiter abhängig war, in ein mechanisiertes Fabriksystem verwandelt, das am laufenden Meter Stoffe produzierte, die nun meistens aus Baumwolle statt aus Wolle oder Leinen gewebt wurden.

Dieser Wandel wurde durch eine schnelle Entwicklung neuer Technologien vorangetrieben. Mitte des 18. Jahrhunderts spannen die Heimarbeiter in ihren Häusern Garn auf Spinnrädern, bedienten die Pedale mit Händen und Füßen und stellten jeweils nur einen Faden her. Die Feinspinnmaschine, die 1770 patentiert wurde, erhöhte die Anzahl der Fäden zunächst von eins auf acht, dann auf sechzehn und mehr. Bei späteren Modellen ließen sich achtzig Fäden gleichzeitig spinnen. Andere mechanisierte Geräte wie die Wasserspinnmaschine hoben die Produktionsgeschwindigkeit derart rasch an, dass die Situation fast an Moores Gesetz erinnert (benannt nach Gordon Moore, einem Gründer von Intel), demzufolge sich die Prozessorleistung alle achtzehn Monate nahezu verdoppelt.

Vor der industriellen Revolution wurden für den Export bestimmte Stoffe auf Kanälen oder auf Segelschiffen transportiert, die langsam und bei schlechtem Wetter unzuverlässig, durch hohe Zölle belastet, strengen Gesetzen unterworfen und häufig Opfer der Piraterie waren. Es war in der Tat oft ein Wunder, dass die Fracht überhaupt ihr Ziel erreichte. Die Eisenbahn und das Dampfschiff ermöglichten es, Produkte schneller und zu entfernter gelegenen Orten zu befördern. Um 1840 verfügten Fabriken, in denen einst tausend Teile pro Woche produziert wurden, über die Mittel, tausend Artikel pro Tag herzustellen. Die Fabrikarbeiter hatten keine Zeit mehr, Landwirtschaft zu betreiben, und zogen in die Städte, um in der Nähe der Fabriken zu wohnen, in denen sie und ihre Familien oft zwölf oder mehr Stunden pro Tag arbeiteten. Die Städte wurden immer größer, es gab immer mehr Waren und die Zahl der Stadtbewohner wuchs. Mehr, mehr, mehr – Arbeitsplätze, Menschen, Produkte, Fabriken, Geschäfte, Märkte – schien das Credo der Zeit zu sein.

Wie alle Paradigmenwechsel stieß auch dieser auf Widerstand. Heimarbeiter, die Angst davor hatten, ihre Arbeit zu verlieren, deutsche Maschinenstürmer und englische Ludditen (Anhänger von Ned Ludd) – erfahrene Tuchmacher, die wütend über die neuen Maschinen und auf die ungelernten Arbeiter waren, die diese bedienten – zerstörten arbeitssparende Maschinen und machten den Erfindern, von denen einige verfemt und mittellos starben, bevor sie von ihren neuen Maschinen profitieren konnten, das Leben schwer. Der Widerstand richtete sich nicht nur gegen die Technik, es ging auch um die Beeinträchtigung des spirituellen Lebens und der Schöpferkraft. Die romantischen Dichter artikulierten den wachsenden Unterschied zwischen der ländlichen, natürlichen Landschaft und der Landschaft der Stadt – oft voller Verzweiflung. »Städte … sind nichts weiter als übergroße Gefängnisse, die die Welt mit all ihrer Schönheit ausschließen«, schrieb der Dichter John Clare.[1]

Künstler und Ästheten wie John Ruskin und William Morris hatten Angst vor einer Zivilisation, deren ästhetisches Empfinden und physische Strukturen durch materialistisches Design umgestaltet wurden.

Doch es gab noch weitere schwerwiegende Probleme. Das viktorianische London war als »die große und schmutzige Stadt« berüchtigt, wie Charles Dickens es formulierte, und ihre ungesunde Umgebung wie auch die darunter leidende Unterschicht wurden zu Kennzeichen der sich entfaltenden Industriestädte. In London war die Luft vor allem auf Grund von Emissionen aus der Kohlefeuerung so verrußt, dass die Menschen abends ihre Manschetten und Kragen wechselten (was in den sechziger Jahren des 20. Jahrhunderts auch in Chattanooga, Tennessee, praktiziert wurde und heute noch in Peking oder Manila üblich ist). Anfänglich galten in den Fabriken und anderen Industriebetrieben wie dem Bergbau die Geräte als teuer, die Arbeitskraft jedoch als billig. Kinder wie Erwachsene arbeiteten viele Stunden unter erbärmlichen Bedingungen.

Doch im Allgemeinen waren die ersten Industriellen und viele andere von einem großen Optimismus und dem Glauben an den Fortschritt der Menschheit beseelt. Als die Industrialisierung in Schwung kam, entstanden andere Institutionen, die zu ihrem Aufstieg beitrugen: Handelsbanken, Börsen und die Presse eröffneten weitere Beschäftigungsmöglichkeiten für eine neue Mittelschicht und banden das soziale Gefüge enger an das wirtschaftliche Wachstum. Billigere Produkte, öffentliche Verkehrsmittel, Wasserversorgung und Kanalisation, Müllabfuhr, Wäschereien, ein Dach über dem Kopf und andere Annehmlichkeiten verschafften Reichen wie weniger Reichen einen scheinbar besseren Lebensstandard. Die feinen Leute waren nicht länger die Einzigen, die in den Genuss aller Annehmlichkeiten kamen.

Die industrielle Revolution war nicht geplant, aber sie kam auch nicht unmotiviert in Gang. Im Grunde genommen handelte es sich um eine ökonomische Revolution, vorangetrieben von dem Streben nach Kapitalerwerb. Die Industriellen wollten die Produkte so rationell wie möglich herstellen und die größte

Anzahl von Waren an die größte Anzahl von Menschen verkaufen. In den meisten Industrien bedeutete dies eine Verlagerung vom System der Handarbeit zu einem System der effizienteren Mechanisierung.

Man denke nur an die Autos.[2] Gegen Ende des 19. Jahrhunderts wurde das Auto entsprechend den Angaben des Kunden von Handwerkern hergestellt, die gewöhnlich unabhängige Unternehmer waren. So produzierte zum Beispiel ein Werkzeugmaschinenunternehmen in Paris, das damals zufällig der führende Autohersteller war, nur mehrere hundert Wagen pro Jahr – Luxusartikel, die langsam und sorgfältig per Hand gebaut wurden. Es gab kein Standardsystem, Teile zu vermessen, und keine Möglichkeit, Stahl zu schneiden, so dass die Einzelteile von verschiedenen Unternehmern hergestellt, unter Hitze erhärtet (die oft die Abmessungen veränderte) und dann abgefeilt wurden, damit sie mit den vielen anderen Teilen des Wagens zusammenpassten. Keine zwei Autos waren gleich und konnten es auch gar nicht sein.

Henry Ford arbeitete als Ingenieur, Maschinenschlosser und Konstrukteur von Rennwagen (die er selbst fuhr), bevor er 1903 die Ford Motor Company gründete. Nachdem er eine Reihe von Autos produziert hatte, erkannte er, dass er, wollte er Wagen für die modernen amerikanischen Arbeiter und nicht nur für die Reichen herstellen, diese billig und in großen Mengen produzieren musste. 1908 begann sein Unternehmen mit der Produktion des legendären Modells T, dem »Auto für die breite Masse«, von dem Ford immer geträumt hatte, einem Wagen, »gebaut aus den besten Materialien, von den besten Mechanikern, die man einstellen kann, nach den einfachsten Designs, die das moderne Ingenieurwesen ersinnen kann, … so preisgünstig, dass es für jeden, der ein gutes Gehalt verdient, erschwinglich ist.«[3]

In den darauf folgenden Jahren trugen mehrere Aspekte der

Herstellung dazu bei, dieses Ziel zu erreichen, revolutionierten die Autoproduktion und machten sie schnell wesentlich effizienter. Zunächst erfolgte die Zentralisierung: 1909 verkündete Ford, das Unternehmen werde nur noch das Modell T herstellen, und verlagerte 1910 die Produktion in eine größere Fabrik, in der man Elektrizität als Energiequelle verwendete und eine Reihe von Produktionsprozessen unter einem Dach vereinte. Fords berühmteste Neuerung war das Fließband. Zuvor waren die Motoren, Chassis und Karosserien der Wagen getrennt montiert und die Wagen anschließend von einer Gruppe von Arbeitern zusammengesetzt worden. Fords Neuerung war, »das Material zum Menschen« statt »den Menschen zum Material« zu bringen. Die Fließbänder, die er und seine Ingenieure entwickelten, glichen den in der Rindfleischindustrie in Chicago verwendeten. Sie brachten das Material zu den Arbeitern und – das war äußerst effizient – ermöglichten es jedem von ihnen, einen einzigen Arbeitsschritt zu wiederholen, während das Fahrzeug auf dem jeweiligen Band weiterrollte, was die Gesamtarbeitszeit drastisch verkürzte.

Dieser und andere Fortschritte ermöglichten die Massenfertigung des universellen Autos, des Modells T, von einem zentralen Standort aus, an dem viele Wagen gleichzeitig montiert werden konnten. Eine steigende Effizienz drückte die Kosten des Modells T (von 850 Dollar im Jahr 1908 auf 290 Dollar im Jahr 1925), und die Verkäufe schnellten in die Höhe. 1911 waren – vor der Einführung des Fließbands – insgesamt 39 640 Autos verkauft worden. 1927 betrug die Gesamtverkaufszahl 15 Millionen.

Die Vorteile einer standardisierten, zentralisierten Produktion waren vielfältig. Offensichtlich verhalf sie den Industriellen schneller zu größerem Reichtum. Unter anderem Blickwinkel wurde das Fabriksystem als das gesehen, was Winston Churchill als das »Arsenal der Demokratie« bezeichnete, weil das Produktionspotenzial so hoch war, dass es (wie in den beiden Weltkriegen) eine unleugbar mächtige Antwort auf die Kriegsbedingungen darstellte. Die Massenproduktion hatte noch einen weiteren demokratisierenden Aspekt. Wie das Modell T zeigte, konnten mehr Menschen eine zuvor unerschwingliche Ware oder Dienstleistung kaufen, wenn die Preise fielen. Neue Beschäftigungsmöglichkeiten in Fabriken wie auch Lohnerhöhungen verbesserten den Lebensstandard. Ford selbst trug zu diesem Wandel bei. 1914, als die Arbeiter im Durchschnitt 2,34 Dollar pro Tag verdienten, erhöhte er ihren Lohn – mit dem Hinweis, dass Autos keine Autos kaufen können – auf 5 Dollar. (Er verkürzte auch die Arbeitszeit von neun auf acht Stunden pro Tag.) Auf einen Schlag schuf er tatsächlich seinen eigenen Markt und ebnete der gesamten Industriewelt den Weg.

Vom Standpunkt des Designs aus betrachtet, verkörperte das Modell T das allgemeine Ziel der ersten Industriellen: ein Produkt herzustellen, das jeder, der es haben wollte, sich leisten konnte, und das von jedem, fast überall, gehandhabt werden konnte; ein Produkt, das eine bestimmte Zeit funktionierte (bis es Zeit war, ein neues zu kaufen), und eines, das preisgünstig und schnell produziert werden konnte. Dementsprechend konzentrierten sich die technischen Entwicklungen auf eine Verbesserung von »Leistung, Präzision, Wirtschaftlichkeit, System, Kontinuität, Geschwindigkeit«[4], wie es in der Fordschen Herstellungs-Checkliste für Massenproduktion hieß.

Aus offensichtlichen Gründen hatten die ersten Industriellen sehr spezifische Designziele, begrenzt auf das Praktische, Gewinnbringende, Effiziente und Lineare. Viele Industrielle, Designer und Ingenieure betrachteten ihre Designs nicht als Teil eines über das Wirtschaftssystem hinausgehenden größeren Systems. Aber sie teilten einige allgemeine Annahmen über die Welt.

## Unveränderbare Dinge

Die ersten Industrien gingen von einem scheinbar unbegrenzten Vorrat an natürlichem »Kapital« aus. Erz, Bauholz, Wasser, Getreide, Vieh, Kohle, Land – das waren die Rohstoffe für ein Produktionssystem, das Waren für die Massen herstellte, und sind es auch heute noch. Fords River-Rouge-Fabrik verkörperte einen Produktionsfluss im großen Maßstab. Riesige Mengen an Eisen, Kohle, Sand und anderem Rohmaterial wurden in die Fabrik gebracht und verließen sie in Form neuer Autos, Emissionen, Schlacken, Abfälle. Die Industrien steigerten ihre Profite durch die Umwandlung von Rohstoffen in Produkte. Die Prärien wurden landwirtschaftlich genutzt und die großen Wälder gerodet, um Holz und Treibstoff zu erhalten. Fabriken wurden in der Nähe von natürlichen Ressourcen angesiedelt, um leichteren Zugang zu ihnen zu haben (heute liegt eine führende Fensterfirma an einem Ort, der ursprünglich von riesigen Kiefern umgeben war, die für die Fensterrahmen verwendet wurden), und neben Gewässern, die man für die Herstellungsprozesse sowie die Abfallbeseitigung nutzte.

Als diese Praktiken im 19. Jahrhundert eingeführt wurden, machte man sich noch kaum Gedanken über die Qualität der Umwelt. Die Ressourcen schienen unermesslich zu sein, und die Natur selbst wurde als »Mutter Erde« gesehen, die, da fortwährend regenerativ, alle Dinge in sich aufnehmen und weiterwachsen würde. Selbst Emerson, ein vorausschauender Philosoph und Dichter mit einem wachsamen Auge für die Natur, verlieh einer allgemeinen Überzeugung Ausdruck, als er Anfang der dreißiger Jahre des 19. Jahrhunderts die Natur als »vom Menschen unveränderbare Dinge (der Raum, die Luft, der Fluss, das Blatt) beschrieb«.[5] Viele Leute glaubten, dass es immer unberührte Landstriche geben werde. So beschwor die viel gelesene Prosa von Rudyard Kipling und anderen Autoren urwüchsige Landstriche herauf, die irgendwo existierten und, wie es schien, immer existieren würden.

Gleichzeitig betrachtete man im Westen die Natur als eine gefährliche, rohe Kraft, die zivilisiert und gebändigt werden musste. Die Menschen nahmen die Naturkräfte als feindlich wahr, und so schlugen sie zurück, um Kontrolle zu gewinnen. In den Vereinigten Staaten nahm die Zähmung der »Moving Frontier« die Qualität eines zentralen Mythos an, und die »Eroberung« urwüchsiger, natürlicher Orte galt als kultureller, ja sogar spiritueller Imperativ.

Heute hat sich unser Verständnis von der Natur drastisch geändert. Neue Studien weisen darauf hin, dass die Meere, die Luft, die Berge sowie die Pflanzen und Tiere, die dort heimisch sind, anfälliger sind, als man sich es je vorgestellt hätte. Doch die modernen Industrien operieren noch immer entsprechend der Paradigmen, die sich entwickelten, als die Menschen ein anderes Verständnis von der Welt hatten. Weder die Gesundheit der natürlichen Systeme noch das Bewusstsein von ihrer Empfindlichkeit, Komplexität und wechselseitigen Abhängigkeit sind Teil des industriellen Designprogramms. Ihrem Wesen nach ist die heutige industrielle Infrastruktur linear: Sie ist darauf konzentriert, ein Produkt herzustellen und es schnell und billig an den Mann oder die Frau zu bringen, ohne andere Aspekte zu berücksichtigen.

Zweifellos führte die industrielle Revolution auch einige positive soziale Veränderungen herbei. Ein höherer Lebensstandard zog eine längere Lebenserwartung nach sich. Die medizinische Versorgung und die Bildung verbesserten sich enorm und wurden mehr Menschen zugänglich. Elektrizität und Fernmeldetechnik sowie andere Fortschritte führten zu einem neuen Standard des Komforts und des Praktischen. Technologische Fortschritte brachten manchen so genannten Entwicklungsländern enorme Vorteile, einschließlich einer höheren Produktivität von Agrarland und einer erheblichen Steigerung der Ernte und der Nahrungsmittelvorräte für die wachsende Bevölkerung.

Doch das Design der industriellen Revolution enthielt grundlegende Fehler. Diese führten dazu, dass entscheidende Dinge unberücksichtigt blieben und verheerende Folgen sowie die vorherrschenden Annahmen der Ära, in der dieser Wandel stattfand, an uns weitergegeben wurden.

## Von der Wiege bis zur Bahre

Stellen Sie sich vor, was Sie heutzutage auf einer typischen Mülldeponie alles finden würden: alte Möbel, Polster, Teppiche, Fernseher, Kleidungsstücke, Schuhe, Telefone, Computer, komplexe Produkte und Plastikverpackungen sowie organisches Material wie Windeln, Papier, Holz und Lebensmittelabfälle. Die meisten dieser Produkte wurden aus wertvollem Material gefertigt, dessen Gewinnung und Herstellung Kosten und Mühe erforderten, Material im Wert von mehreren Milliarden Euro. Auch die biologisch abbaubaren Materialien wie Lebensmittel und Papier haben einen Wert – sie könnten sich zersetzen und dem Boden biologische Nährstoffe zurückgeben. Leider türmen sich all diese Dinge auf einer Mülldeponie, wo ihr Wert unwiderbringlich verloren geht. Sie sind die Endprodukte eines industriellen Systems, das einem linearen Einbahnstraßensystem, einer Produktionsweise *von der Wiege bis zur Bahre* folgt. Rohstoffe werden gewonnen, zu Produkten verarbeitet, verkauft und schließlich in eine Art »Grab« geschafft, gewöhnlich auf eine Mülldeponie oder in eine Müllverbrennungsanlage. Höchstwahrscheinlich sind Sie mit dem Ende des Prozesses vertraut, weil Sie, der Kunde, für die Beseitigung des Mülls verantwortlich sind. Denken Sie einmal darüber nach:

Man bezeichnet Sie allgemein als Konsumenten, aber es gibt sehr wenig, was Sie tatsächlich konsumieren – einige Lebensmittel, einige Flüssigkeiten. Alles andere ist dazu bestimmt, weggeworfen zu werden, wenn Sie keine Verwendung mehr dafür haben. Aber wo ist »weg«? Natürlich, so etwas wie »weg« existiert gar nicht. Und an diesen Gedanken sollten wir uns gewöhnen!

Moderne Produktionsweisen folgen in der Regel dem Modell *von der Wiege bis zur Bahre.* Einigen Untersuchungen zufolge werden in den USA mehr als 90 Prozent aller zur Herstellung langlebiger Güter eingesetzten Materialien fast unmittelbar beim Herstellungsprozess zu Müll.[6] Manchmal hält sich das Produkt selbst kaum länger. Es ist oft billiger, eine neue Version selbst des teuersten Geräts zu kaufen, als jemanden zu finden, der das alte Gerät repariert. Tatsächlich ist bei vielen Produkten mit eingeplant, dass sie verschleißen und nur für einen bestimmten Zeitraum halten, um den Kunden zu zwingen, das heißt, ihn dazu zu ermutigen, den Gegenstand loszuwerden und ein neues Modell zu kaufen. Zudem ist das, was die meisten Menschen in ihren Mülltonnen sehen, nur die Spitze des Eisbergs: Das Produkt selbst enthält im Durchschnitt nur 5 Prozent der Rohstoffe, die für den Prozess der Herstellung und Lieferung benötigt werden.

## Einheitsstandard

Da man das den Designvorstellungen der industriellen Revolution zugrunde liegende lineare Modell nicht infrage stellte, wiederholten selbst Initiativen, die angeblich aus Opposition gegen diese Ära entstanden, deren Fehler. Ein Beispiel waren die Anstrengungen, die zur Erreichung universeller Designlösungen unternommen wurden, aus denen sich eine der führenden Designstrategien des vergangenen Jahrhunderts entwickelte. Im Bereich der Architektur führte dies zur Herausbildung des »Internationalen Stils«, der in den ersten Jahrzehnten des 20. Jahrhunderts von Persönlichkeiten wie Ludwig Mies van der Rohe, Walter Gropius und Le Corbusier als Reaktion auf die Stilrichtungen der viktorianischen Ära weiterentwickelt wurde. (Noch immer entwarf und baute man damals gotische Kathedralen.) Die Ziele dieser Architekten waren sozialer wie ästhetischer Natur. Sie wollten weltweit die unhygienischen und ungerechten Wohnverhältnisse – schicke, prunkvolle Wohnungen für die Reichen, hässliche, ungesunde Wohnungen für die Armen – durch saubere, minimalistische Gebäude ersetzen, die sich jeder, unabhängig von Einkommen und Schicht, leisten konnte. Große Glas-, Stahl- und Betonplatten sowie preisgünstige Beförderungsmittel, angetrieben von fossilen Brennstoffen, gaben Ingenieuren und Architekten das Werkzeug an die Hand, diesen Stil überall auf der Welt zu verwirklichen.

Inzwischen hat sich der Internationale Stil zu etwas weniger Ehrgeizigem entwickelt: einer farblosen, einheitlichen Struktur, isoliert von den Besonderheiten des Ortes – von lokaler Kultur, Natur, Energie und Materialströmen. Solche Gebäude spiegeln die Unterschiedlichkeit oder den Stil einer Region kaum oder gar nicht wider. Sie unterscheiden sich oft auffallend von der sie umgebenden Landschaft, wenn sie von dieser – im Umfeld ihrer »Büroparks« aus Asphalt und Beton – überhaupt noch etwas intakt lassen. Das Innere ist auch nicht gerade aufregend. Mit ihren nicht zu öffnenden Fenstern, ständig summenden Klimaanlagen und Heizungsanlagen, ihrem Mangel an Tageslicht und frischer Luft und der einheitlichen Neonbeleuchtung könnten sie eher dazu gedacht sein, Maschinen und nicht Menschen zu beherbergen.

Die Begründer des Internationalen Stils wollten der Menschheit Hoffnung geben. Diejenigen, die diesen Stil heute anwenden, tun dies, weil es einfach und billig ist und die Architektur an vielen Orten vereinheitlicht. Aussehen und Funktion der Gebäude können überall gleich sein, ob in Reykjavik oder Rangun.

Ein klassisches Beispiel für die universelle Designlösung im Bereich des Produktdesigns ist das Reinigungsmittel als Massenartikel. Größere Waschmittelhersteller entwerfen ein Produkt für alle Teile der Vereinigten Staaten oder Europas, obwohl die Wasserqualitäten und die Bedürfnisse der Kommunen unterschiedlich sind. Kunden an Orten mit weichem Wasser, wie zum Beispiel dem Nordwesten der USA, brauchen nur kleine Mengen an Reinigungsmitteln. Dort, wo das Wasser wie im Südwesten hart ist, braucht man mehr davon. Aber Reinigungsmittel sind so konzipiert, dass sie überall auf der Welt schäumen, Schmutz entfernen und effektiv Krankheitserreger abtöten – in hartem, weichem, Leitungs- oder Quellwasser, in Wasser, das in Flüsse voller Fische fließt oder in Kläranlagen geleitet wird. Die Hersteller geben einfach mehr Chemie hinzu, damit die Mittel überall verwendbar sind. Stellen Sie sich vor, wie stark ein Reinigungsmittel sein muss, um eine Pfanne von altem Fett zu befreien. Stellen Sie sich nun vor, was passiert, wenn ein Reinigungsmittel in Kontakt mit der Haut eines Fischs oder der Wachsschicht einer Pflanze kommt. Behandeltes und unbehandeltes Abwasser wie auch Niederschlagswasser werden in Seen, Flüsse und Meere geleitet. Chemikaliengemische – aus Haushaltsreinigern, Reinigungsmitteln und Medikamenten – landen zusammen mit Industrieabfällen im Abwasser, wo sie nachweislich das aquatische Leben schädigen und manchmal Mutationen und Reproduktionsstörungen hervorrufen.[7]

Um ihrer universellen Designlösungen willen entwerfen die Hersteller das *Worst-Case-Szenario.* Sie entwerfen ein Produkt für den schlimmstmöglichen Fall, so dass es immer mit der gleichen Wirksamkeit funktioniert. Dieses Ziel garantiert den größtmöglichen Markt für ein Produkt. Es macht auch die merkwürdige Beziehung der menschlichen Industrie zur natürlichen Welt deutlich, da der Entwurf für den schlimmsten Fall immer die Annahme widerspiegelt, die Natur sei der Feind.

## Rohe Gewalt

Stünde die erste industrielle Revolution unter einem Motto, würde es, wie wir gerne witzeln, lauten: »Wenn rohe Gewalt nicht hilft, wendest du nicht genug davon an.« Der Versuch, universelle Designlösungen einer unendlichen Zahl lokaler Bedingungen und Bräuche aufzuzwingen, ist eine Manifestation dieses Prinzips und der ihm zu Grunde liegenden Annahme, die Natur sollte gebändigt werden. Das Gleiche gilt für die Anwendung roher chemischer Gewalt und fossiler Energie, um solche Lösungen »passend« zu machen.

Die gesamte Industrie der Natur hängt von der Energie der Sonne ab, die als eine Form laufenden, sich ständig erneuernden Einkommens betrachtet werden kann. Im Gegensatz dazu gewinnen und verbrennen die Menschen fossile Brennstoffe wie Kohle und Mineralölerzeugnisse, die tief unter der Erdoberfläche abgelagert sind, und ergänzen sie durch Energie, die in Müllverbrennungsanlagen sowie in Atomreaktoren, die zusätzliche Probleme hervorrufen, produziert wird. Dabei schenken sie der Nutzung und Maximierung lokaler natürlicher Energieströme wenig oder gar keine Beachtung. Die übliche Betriebsanleitung scheint zu lauten: »Wenn es zu heiß oder zu kalt ist, einfach mehr fossile Brennstoffe hinzufügen.«

Sie haben sicher von der Gefahr der globalen Erwärmung gehört, die auf Grund menschlicher Aktivitäten durch die Konzentration von Treibhausgasen (Kohlendioxid, Stickoxide) in der Atmosphäre erzeugt wird. Weltweit steigende Temperaturen führen zu globalen Klimaveränderungen und Verschiebungen existierender Klimazonen. Die meisten Prognosen sagen schwierige Wetterbedingungen vorher: heißere Hitzeperioden, kühlere Kälteperioden und stärkere Stürme, das heißt, die globalen Temperaturunterschiede werden immer extremer. Eine wärmere Atmosphäre zieht mehr Wasser aus den Meeren und führt zu stärkeren, häufigeren Regenfällen und Stürmen, einem Anstieg der Meeresspiegel, Veränderungen der Jahreszeiten und einer Kette anderer klimatischer Ereignisse.

Die Realität der globalen Erwärmung wird nicht nur von den Umweltschützern, sondern auch von den Entscheidungsträgern in der Wirtschaft begriffen.[8] Doch die globale Erwärmung ist nicht der einzige Grund, in der Energiefrage unser Vertrauen in die Methode der »rohen Gewalt« neu zu überdenken. Bei der Verbrennung fossiler Brennstoffe gelangen Teilchen – mikroskopisch kleine Rußpartikel – in die Umwelt, die nachweislich Atembeschwerden und andere gesundheitliche Probleme erzeugen. Die Bestimmungen für Luftschadstoffe, die, wie man weiß, die Gesundheit gefährden, werden strenger. Auf Grund immer neuer Forschungsergebnisse zu den gesundheitlichen Gefahren durch Giftstoffe, die die Verbrennung fossiler Brennstoffe freisetzt, werden neue Bestimmungen eingeführt[9], und Industrien, die allein in die Fortsetzung des derzeitigen Systems investieren, werden ernste Nachteile haben.

Abgesehen von diesen wichtigen Problemen macht die auf roher Gewalt basierende Energiegewinnung als vorherrschende Strategie langfristig ohnehin wenig Sinn. Sie würden für Ihre täglichen Ausgaben nicht all Ihr Erspartes verwenden wollen. Warum sollte man dann von Ersparnissen abhängig sein, um die Energiebedürfnisse der Menschheit zu befriedigen? Im Verlauf der Jahre wird es eindeutig schwieriger (und teurer) werden, an Mineralöl zu gelangen, und an bislang unberührten Orten nach ein paar Millionen weiterer Tonnen Öl zu bohren, wird dieses Problem nicht lösen. In gewissem Sinne kann man endliche Energiequellen wie die aus fossilen Rohstoffen gewonnenen Mineralölerzeugnisse als Notgroschen betrachten, als etwas, das man für Notfälle aufbewahrt und dann sparsam verwendet – für bestimmte medizinische Zwecke zum Beispiel. Für die Mehrzahl unserer einfachen Energiebedürfnisse könnten die Menschen Sonnenenergie einsetzen, von der reichlich vorhanden ist. Das Vieltausendfache der Menge an Energie, die die Menschheit für ihre Aktivitäten benötigt, trifft täglich in Form von Sonnenlicht auf die Oberfläche des Planeten.

## Eine Kultur der Monokultur

Unter dem gegenwärtigen Paradigma der Herstellung und Entwicklung wird Vielfalt – ein integraler Bestandteil der natürlichen Welt – bezeichnenderweise als feindliche Kraft und als Bedrohung der Designziele betrachtet. Deshalb untergraben (und ignorieren) gewaltsame Eingriffe und universelle Designstandards für typische Ansiedlungen die natürliche und kulturelle Vielfalt, was zu einer geringeren Auswahl und größeren Homogenität und Monotonie führt.

Stellen Sie sich den Bau eines universellen US-Standardhauses vor. Zuerst schachten die Bauunternehmer ein Grundstück so weit aus, bis sie auf eine Lehmschicht oder unberührten Boden stoßen. Dann kommen mehrere Maschinen zum Einsatz, die den Lehm einebnen. Bäume werden gefällt, die natürliche Flora und Fauna zerstört, und die allseits bekannte Ausgabe des Landhauses oder Fertighauses entsteht mit wenig Rücksicht auf die natürliche Umgebung – auf Möglichkeiten, die Sonne hereinzulassen, um das Haus im Winter zu heizen, oder darauf, welche Bäume es vor Wind, Hitze und Kälte schützen könnten und wie die Gesundheit von Boden und Wasser nun und in Zukunft erhalten werden kann. Der Rest des Grundstücks wird mit einem etwa fünf Zentimeter dicken Teppich einer fremden Grasart abgedeckt.

Der typische Rasen ist ein interessantes Phänomen: Die Menschen pflanzen ihn und behandeln ihn dann mit Kunstdünger und gefährlichen Pestiziden, damit er gleichförmig wächst und gedeiht – und all das, um diesen Rasen, dessen Wachstum sie anregten, dann vertikutieren und mähen zu können. Und wehe der kleinen gelben Blume, die ihren Kopf in die Höhe reckt!

Die meisten modernen Stadtgebiete werden nicht in einer Natur- und Kulturlandschaft entworfen, sondern wachsen, wie es oft heißt, wie ein Krebs, breiten sich mehr und mehr aus, zerstören dabei die Umwelt und überziehen die natürliche Landschaft mit Schichten aus Asphalt und Beton.[10]

Die konventionelle Landwirtschaft funktioniert gewöhnlich nach dem gleichen Muster. Das Ziel eines Maisproduzenten in Europa oder im Mittelwesten der USA ist es, so viel Mais wie möglich zu produzieren, und zwar mit dem geringsten Aufwand an Zeit und Kosten – dem ersten Designziel der industriellen Revolution für maximale Effizienz. Die meisten konventionellen Agrarunternehmen konzentrieren sich heute auf hoch spezialisierte, hybridisierte und vielleicht genetisch modifizierte Maissorten. Sie lassen eine monokulturelle Landschaft entstehen, die nur eine bestimmte Maissorte hervorzubringen scheint, bei der es sich wahrscheinlich nicht einmal um eine echte Sorte, sondern um irgendeine stark hybridisierte Kulturrasse handelt. Die Landwirte vernichten beim Pflügen des Bodens andere Pflanzenarten, was zu einer massiven Bodenerosion durch Wind und Wasser führt, oder sie verwenden, statt zu pflügen, große Mengen von Herbiziden. Alte Maissorten gehen verloren, weil ihre Produktion nicht den Anforderungen des modernen Handels genügt. Wie wäre es, wenn die Gentechnikindustrie für jede verschwindende Art zwei neue herstellte, um die Artenvielfalt zu erhalten?

Für die moderne Industrie und sogar die »Konsumenten« scheinen diese Strategien – oberflächlich betrachtet – ganz vernünftig zu sein, aber sie bringen grundlegende wie auch offensichtliche Probleme mit sich. Denn Teile des Ökosystems, die entfernt werden, damit das Unternehmen schneller (das heißt effizienter) mehr Mais erntet, wären nämlich für die Landwirtschaft tatsächlich von Vorteil. So hätten zum Beispiel die Pflanzen, die beim Bestellen des Landes beseitigt wurden, zur Verhinderung von Erosionen und Überschwemmungen sowie zur Stabilisierung und Regeneration des Bodens beitragen können. Sie hätten Insekten und Vögeln, von denen einige natürliche Feinde der Getreideschädlinge sind, den nötigen Lebensraum geboten. Da man ihre natürlichen Feinde vernichtet und die Schädlinge nun resistent gegen Pestizide werden, wächst deren Zahl.

Die typischen Pestizide sind für die Landwirte wie für die Umwelt ein fortlaufender Kostenfaktor und werden ohne Rücksicht auf Verluste eingesetzt. Zwar raten die Chemieunternehmen den Bauern halbherzig dazu, vorsichtig mit Pestiziden umzugehen, profitieren jedoch, wenn sie mehr Pestizide verkaufen. Mit anderen Worten, die Unternehmen fördern den Missbrauch ihrer Produkte, was zur Verseuchung des Bodens, des Wassers und der Luft führen kann.

In einem solch künstlich aufrechterhaltenen System, in dem die natürlichen Feinde der Schädlinge und einige für den Kreislauf der Nährstoffe unerlässliche Pflanzen und Organismen entfernt wurden, müssen noch mehr gewaltsame Eingriffe mit Chemikalien (Pestiziden, Düngemitteln) durchgeführt werden, um das System rentabel zu halten. Der Boden enthält keine Nährstoffe mehr und ist mit Chemikalien gesättigt. Die Menschen vermeiden es, in allzu großer Nähe des Betriebs zu wohnen, weil sie die Schadstoffbelastung fürchten. Statt die Menschen in ästhetischer wie kultureller Hinsicht zu erfreuen, wird die moderne Landwirtschaft für die Anwohner, die in einer gesunden Umgebung leben und Kinder großziehen wollen, zum Schreckgespenst. Während der unmittelbare wirtschaftliche Nutzen steigt, *nimmt die Gesamtqualität durch den Verlust jedes einzelnen Aspekts dieses Systems tatsächlich ab.*

Das Problem ist nicht die Landwirtschaft an sich, sondern es sind die eng definierten Zwecke und Aufgaben. Der einseitige Anbau einer einzigen Art reduziert deutlich das reiche Netzwerk, in das das gesamte Ökosystem ursprünglich eingebunden war.[11] Bis heute »vereinfacht« die konventionelle Landwirtschaft, wie die Wissenschaftler Paul und Anne Ehrlich sowie John Holden vor mehreren Jahrzehnten schon sagten, »die Ökosysteme, indem sie relativ komplexe natürliche, biologische Gemeinschaften durch relativ einfache vom Menschen geschaffene ersetzt, die auf ein paar Getreidesorten basieren«.[12] Diese einfachen Systeme können nicht aus sich heraus überleben. Ironischerweise macht die Vereinfachung sogar noch mehr gewaltsame Eingriffe erforderlich, damit das System seine Designziele erreichen kann. Würde man auf die Chemikalien und die modernen Methoden der landwirtschaftlichen Kontrolle verzichten, fiele die Getreideernte schwach aus (allerdings nur so lange, bis allmählich wieder unterschiedliche Sorten zum Vorschein kämen und die Komplexität des Ökosystems wiederhergestellt wäre).[13]

## Zerstörerische Aktivität bedeutet Wachstum

Eine interessante Tatsache: Der Unfall des Öltankers *Exxon Valdez*, der sich 1989 ereignete, steigerte Alaskas Bruttosozialprodukt. Die Region um den Prince William Sound erlebte einen wirtschaftlichen Aufschwung, weil so viele Leute versuchten, die Folgen dieses Unfalls zu beseitigen. Restaurants, Hotels, Geschäfte, Tankstellen und Läden profitierten von diesem kurzzeitigen Aufschwung.

Das Bruttosozialprodukt berücksichtigt nur einen Faktor des Fortschritts: Aktivität. Wirtschaftliche Aktivität. Doch welcher vernünftige Mensch würde die Folgen einer Ölverseuchung als Fortschritt bezeichnen? So soll der *Valdez*-Unfall zum Tod von mehr Tieren und Pflanzen als jede andere vom Menschen verschuldete Umweltkatastrophe in den USA geführt haben. Einem Regierungsbericht von 1999 zufolge erholten sich nur zwei der dreiundzwanzig durch die Ölpest betroffenen Tierarten. Noch heute sind Pflanzen- und Tierwelt von den Auswirkungen in Form von Tumoren, genetischen Schäden und anderem betroffen. Die Ölpest führte zum Verlust kulturellen Reichtums, einschließlich von fünf Parks des Bundesstaats, vier Gebieten zum Schutz gefährdeter Arten und einem staatlichen Wildschutzgebiet. Wichtige Lebensräume zum Laichen und zur Aufzucht von Fischen wurden zerstört, was zur Dezimierung der Heringspopulation des Prince William Sound 1993 geführt hat. Auf Grund der Ölpest ging das Einkommen der Fischer stark zurück, ganz zu schweigen von den weniger messbaren Auswirkungen auf ihre emotionale Gesundheit.

Das Bruttosozialprodukt als Maßstab des Fortschritts anzusehen, ist das Produkt einer Ära, in der natürliche Ressourcen noch unbegrenzt schienen und die »Lebensqualität« mit einem hohen wirtschaftlichen Lebensstandard gleichgesetzt wurde. Wenn Wohlstand jedoch allein nach gesteigerter wirtschaftlicher Aktivität beurteilt wird, dann sind Autounfälle, Krankheiten (wie Krebs) und Giftunfälle Zeichen von Wohlstand. Der Verlust von Ressourcen, kultureller Raubbau, negative soziale und ökologische Auswirkungen, eine Abnahme der Lebensqualität – diese Missstände können vorhanden sein, eine ganze Region kann verfallen, und dennoch wird all dies durch eine extrem vereinfachende Zahl negiert, die besagt, dass das Wirtschaftsleben gut sei.[14] Weltweit versuchen Länder, ihre wirtschaftlichen Aktivitäten zu verstärken, damit auch sie Anteil an der Art von »Fortschritt« haben, den Messwerte wie das Bruttosozialprodukt zum Ausdruck bringen. Aber im Wettlauf um ökonomischen Fortschritt übersieht man mitunter soziale Aktivitäten, ökologische Auswirkungen, kulturelle Aktivitäten und langfristige Folgen.

## Primitive Produkte – PrimTech

Die Designabsicht hinter der derzeitigen Infrastruktur ist die, ein optisch attraktives Produkt herzustellen, ein Produkt, das erschwinglich ist, den Vorschriften entspricht, seine Funktion erfüllt und lange genug hält, um die Erwartungen der Marktteilnehmer zu befriedigen. Ein solches Produkt erfüllt die Wünsche des Herstellers sowie einige der Erwartungen des Kunden. Aus unserer Sicht sind jedoch Produkte, die nicht im Hinblick auf die Gesundheit der Menschen und der Umwelt entworfen wurden, unintelligent und unelegant – also das, was wir *primitive Produkte* nennen – PrimTech.

Das durchschnittliche als Massenartikel produzierte Kleidungsstück aus Polyester und eine typische PET-Wasserflasche enthalten zum Beispiel Antimon, ein toxisches Schwermetall, das nachweislich unter bestimmten Umständen Krebs erzeugt.

Lassen wir für einen Moment die Frage beiseite, ob diese Substanz eine spezifische Gefahr für den Nutzer darstellt. Die Frage, die wir als Designer stellen würden, lautet: Warum wird sie verwendet? Ist ihre Verwendung nötig? Tatsächlich ist sie nicht nötig: Antimon wird als Katalysator im Polymerisationsprozess verwendet und ist für die Polyesterherstellung, nicht aber im fertigen Produkt erforderlich. Was geschieht, wenn dieses Produkt ausrangiert und »recycelt« (das heißt *downgecycelt*) und mit anderen Materialien vermischt wird? Was, wenn es zusammen mit anderem Abfall in Indien, dem größten PET-Markt, als Brennstoff zum Kochen verbrannt wird, eine übliche Praxis in vielen südlichen Ländern? Verbrennung macht das Antimon bioverfügbar – das heißt verfügbar zum Atmen. Wenn Polyester als Brennstoff verwendet wird, dann brauchen wir folglich Polyester, der gefahrlos verbrannt werden kann.

Das Polyesterhemd und die Wasserflasche sind Beispiele für das, was wir *Produkte plus* nennen: Als Käufer erhielten Sie den Artikel oder die Dienstleistung, die Sie haben wollten, *plus* Zusatzstoffe, um die Sie nicht gebeten haben und von denen Sie nicht wussten, dass sie in der Ware enthalten und vielleicht schädlich für Sie und Ihre Lieben sind. (Vielleicht sollte auf den Hemdetiketten stehen: *Produkt enthält toxische Farbstoffe und Katalysatoren. Durch Schwitzen könnte es zu gesundheitsgefährdendem Kontakt dieser Substanzen mit der Haut kommen.*) Außerdem sind diese Zusatzstoffe für das Produkt selbst vielleicht gar nicht erforderlich.

Seit 1987 haben wir verschiedene Produkte großer Hersteller untersucht, gewöhnliche Dinge wie eine Computermaus, einen elektrischen Rasierer, einen Gameboy, einen Fön und einen tragbaren CD-Player.[15] Wir stellten fest, dass all diese Produkte während des Gebrauchs teratogene und/oder kanzerogene Verbindungen ausgasten – Substanzen, die bekanntermaßen zu Geburtsfehlern und Krebserkrankungen beitragen. Ein elektrischer Handmixer emittierte chemische Gase, die in den öligen Buttermolekülen des Kuchenteigs eingeschlossen werden und dann im Kuchen landen. Seien Sie also vorsichtig – Sie könnten unabsichtlich Ihre Geräte verspeisen.

Warum geschieht dies? Weil Hightech-Produkte gewöhnlich aus Material geringer Qualität bestehen – das heißt aus billigem Plastik und Farbstoffen –, das von den kostengünstigsten Lieferanten aus aller Welt bezogen wird und bis zur Verarbeitung zuweilen den halben Erdball umrunden muss. Das bedeutet, dass selbst Substanzen, deren Verwendung in den USA und in Europa verboten ist, dieses Land via Produkte und Teile erreichen, die andernorts hergestellt wurden. So kann zum Beispiel das kanzerogene Benzol, dessen Verwendung als Lösungsmittel in Europa und den USA verboten ist, in Gummiteilen aus Entwicklungsländern, in denen Benzol nicht verboten ist, bei uns landen. Vielfach handelt es sich sogar noch um Lösungsmittelabfälle, die zur Abfallvermeidung aus Europa exportiert wurden. Diese können dann zum Beispiel in Ihr Fitnessgerät montiert sein, das dann die »verbotene« Substanz emittiert, während Sie sich darauf abstrampeln.

Das Problem wird noch verschärft, wenn ein Produkt aus Teilen verschiedenster geographischer Herkunft zusammengesetzt wird, was bei Hightech-Artikeln wie elektronischen Geräten häufig der Fall ist. Die Hersteller halten sich nicht unbedingt auf dem Laufenden darüber, was diese Teile denn nun genau enthalten, und sind auch nicht verpflichtet dazu. Ein in Polen montiertes Sportgerät enthält vielleicht Gummigurte aus Malaysia, Chemikalien aus Korea, Motoren aus China, Kleber aus Taiwan und Holz aus Brasilien.

Wie wirken sich diese primitiven Produkte auf Ihr Leben aus? Zum einen belasten sie die Luftqualität in geschlossenen Räumen. Zusammengenommen sorgen primitive Produkte am Arbeitsplatz oder zu Hause dafür – ob Geräte, Teppiche, Tapetenkleister, Farben, Baumaterialien, Isolierstoffe oder was auch immer –, dass die chemische Belastung der Innenraumluft weit höher ist als die der Luft im Freien. Eine Studie über Giftstoffe im Haushalt ergab, dass in mehr als der Hälfte der Haushalte Konzentrationen sieben toxischer Chemikalien zu finden waren, die nachweislich bei Tieren Krebs erzeugen und auch im Verdacht stehen, für den Menschen ein höheres Krebsrisiko darzustellen, Chemikalien, die, fände man sie im Boden von Baugrundstücken in geringen Mengen, »eine Untersuchung zur Risikobewertung von Amts wegen ausgelöst hätten«.[16] Allergien, Asthma und das »Sick Building Syndrome (SBS)« nehmen zu. Und dennoch gibt es praktisch keine verbindlichen Vorschriften für die Luftqualität in geschlossenen Räumen.[17]

Selbst Produkte, die offensichtlich für Kinder bestimmt sind, können primitive Produkte sein. Eine Analyse von Schwimmflügeln für Kinder, hergestellt aus Polyvinylchlorid (PVC), zeigte, dass sie vielfältige, potenziell schädliche Substanzen abgaben – unter Wärmeeinfluss sogar Chlorwasserstoffsäure.[18] Andere schädliche Substanzen, wie etwa als Weichmacher verwendete Phthalate, können durch Kontakt aufgenommen werden. Dieses Szenario ist besonders Besorgnis erregend in einem Schwimmbad, da sich die Haut eines Kleinkindes, die etwa zehnmal dünner ist als die Haut eines Erwachsenen, stark verändert, wenn sie nass wird – die ideale Voraussetzung, Giftstoffe aufzunehmen. Beim Kauf von Schwimmflügeln haben Sie also wieder einmal ein *Produkt plus* erworben: Sie erhielten die Schwimmhilfe, die Sie für Ihr Kind wollten, *plus* ungefragte Giftstoffe – kein guter Deal, und sicherlich nicht das, was die Hersteller im Sinn hatten, als sie diese Schwimmhilfe entwarfen.

Vielleicht sagen Sie sich: »Ich kenne kein einziges Kind, das durch einen Plastik-Schwimmgürtel oder ein Schwimmbad krank geworden ist!« Doch statt eine leicht zu identifizierende Krankheit zu bekommen, entwickeln immer mehr Menschen

Allergien, Chemikalienunverträglichkeiten (MCS) oder Asthma, oder sie fühlen sich einfach schlecht, ohne genau zu wissen, warum. In Deutschland haben inzwischen nach unserer Kenntnis fast die Hälfte aller Kinder Allergien.

Selbst wenn wir keine unmittelbaren schädlichen Wirkungen spüren, ist es nicht gerade schlau, ständig in Kontakt mit Karzinogenen wie Benzol und Vinylchlorid zu kommen.

Betrachten Sie es einmal von dieser Seite: Unser Körper ist Stress inneren wie äußeren Ursprungs ausgesetzt. Dieser Stress kann sich in Form von Krebszellen zeigen, die unser Körper auf natürliche Weise produziert – manchen Berichten zufolge bis zu zwölf Zellen täglich –, oder die produziert werden, wenn wir Schwermetallen und anderen Pathogenen usw. ausgesetzt sind. Das Immunsystem ist in der Lage, mit einer gewissen Menge an Stress fertig zu werden. Vereinfacht gesagt, könnte man sich diese Stressfaktoren als Bälle vorstellen, mit denen das Immunsystem jongliert. Gewöhnlich ist der Jongleur geschickt genug, die Bälle in der Luft zu halten. Das heißt, das Immunsystem fängt und zerstört diese zehn oder zwölf Zellen. Doch je mehr Bälle in der Luft sind – je mehr giftige Substanzen also zum Beispiel auf den Körper einstürmen –, desto größer ist die Wahrscheinlichkeit, dass es den Ball fallen lässt, dass eine Zelle bei der Replikation einen Fehler macht. Es wäre sehr schwer zu sagen, welches Molekül oder welcher Faktor dem Organismus den Rest gegeben hat. Warum nicht die negativen Stressfaktoren beseitigen, vor allem, da die Menschen sie weder wollen noch brauchen?

Einige Chemikalien haben jedoch noch eine andere heimtückische Wirkung: Sie schwächen das Immunsystem. Das ist so, als würde man dem Jongleur eine Hand auf den Rücken binden und es ihm damit viel schwerer machen, die Krebszellen zu fangen, bevor sie Probleme verursachen. Die tödlichsten Chemikalien zerstören das Immunsystem *und* schädigen Zellen.

Jetzt haben Sie einen einhändigen Jongleur, der sich damit abmüht, eine zunehmende Anzahl von Bällen in der Luft zu halten. Wird er auch weiterhin sicher und mit Anmut jonglieren? Warum das Risiko eingehen, dass er es nicht schafft? Warum nicht nach Möglichkeiten suchen, das Immunsystem zu stärken, statt es auf die Probe zu stellen?

Wir haben uns hier auf Krebs konzentriert, aber diese Chemikalien können auch andere Wirkungen haben, die die Wissenschaft noch entdecken muss. Denken Sie nur an Substanzen, die das Hormongleichgewicht stören, von denen man vor einem Jahrzehnt noch nichts gehört hatte, die aber, wie man weiß, zu den schädlichsten chemischen Verbindungen für lebende Organismen gehören.[19] Von den annähernd achtzigtausend definierten chemischen Substanzen und technischen Verbindungen, die heute von der Industrie hergestellt und verwendet werden (und die im Durchschnitt jeweils fünf oder mehr Nebenprodukte haben), wurden bisher nur etwa dreitausend hinsichtlich ihrer Auswirkungen auf lebende Organismen untersucht.

Also zurück zur Natur: Der Versuch, die Uhr zurückzudrehen, mag verlockend sein. Doch bei der nächsten industriellen Revolution wird es nicht darum gehen, zu einem idealisierten, vorindustriellen Zustand zurückzukehren, in dem zum Beispiel alle Textilien aus Naturfasern hergestellt werden. Sicherlich waren Stoffe damals biologisch abbaubar, so dass ausrangierte Stücke auf den Boden geworfen werden konnten, wo sie zerfielen, oder sogar gefahrlos verbrannt werden konnten. Aber eine so große Menge an Naturstoffen, wie sie notwendig wäre, um die Bedürfnisse der gesamten Weltbevölkerung zu befriedigen, existiert nicht und kann nicht existieren. Wenn mehrere Milliarden Menschen Bluejeans haben wollen, die aus Naturfasern bestehen und mit natürlichen Farbstoffen gefärbt wurden, muss die Menschheit Millionen Hektar Land der Kultivierung von Indigo widmen, um die Nachfrage zu befriedigen – Land, das zum Anbau von Nahrungsmitteln gebraucht wird. Außerdem sind selbst »natürliche« Produkte nicht unbedingt gesund für den Menschen und die Umwelt. Pflanzliches Indigo enthält mutagene Substanzen und verringert, da es üblicherweise in Monokultur angebaut wird, die genetische Vielfalt. Zudem können von der Natur geschaffene Substanzen äußerst giftig sein. Sie sind nicht unbedingt entstanden, um von uns verwendet zu werden. Selbst etwas so Harmloses und Notwendiges wie sauberes Trinkwasser kann tödlich sein, wenn Sie länger darin untergetaucht werden.

## Eine Strategie der tragischen Folgen oder eine Strategie des Wandels?

Die heutige industrielle Infrastruktur ist auf wirtschaftliches Wachstum ausgerichtet. Das geht zu Lasten anderer lebenswichtiger Belange, vor allem der Gesundheit von Menschen und Ökologie, des kulturellen und natürlichen Reichtums und sogar des Genusses und der Lebensfreude. Abgesehen von wenigen positiven Nebenwirkungen sind die meisten industriellen Methoden unbeabsichtigt mit Verlust an Lebensqualität verbunden.

Doch so wie die Industriellen, Ingenieure, Designer und Konstrukteure der Vergangenheit nicht die Absicht hatten, solch verheerende Folgen herbeizuführen, so beabsichtigen diejenigen, die heute diese Paradigmen aufrechterhalten, sicherlich nicht, der Welt Schaden zuzufügen. Der Abfall, die Umweltverschmutzung, die primitiven Produkte und andere von uns beschriebene negative Effekte sind nicht das Ergebnis eines moralischen Fehlverhaltens von Unternehmen. Sie sind die Folgen eines veralteten und unintelligenten Designs.

Dennoch, der Schaden wird angerichtet und er ist gravierend. Die moderne Industrie unterminiert einige der grundlegenden Errungenschaften der Industrialisierung. So waren bis vor kurzem zum Beispiel die Lebensmittelvorräte gestiegen und mehr Kinder bekamen deshalb zu essen, doch gleichzeitig gehen mehr Kinder hungrig zu Bett. Aber wenn dann wohlgenährte Kinder regelmäßig Substanzen ausgesetzt werden, die zu genetischen Veränderungen, zu Krebs, Asthma, Allergien und anderen durch die industrielle Verunreinigung und durch Industrieabfälle hervorgerufenen Komplikationen führen können, was wurde dann erreicht? Ein schlechtes Design solcher Dimension wirkt sich weit über unsere eigene Lebensspanne hinaus aus. Es verübt das, was wir als *Generationen übergreifende Tyrannei* bezeichnen, da zukünftige Generationen durch die Wirkungen unseres heutigen Handelns tyrannisiert werden.

An diesem bestimmten Punkt entscheidet dann ein Hersteller oder Designer: »Wir können so nicht weitermachen. Wir können dieses System nicht länger unterstützen und aufrechterhalten.« An einem bestimmten Punkt wird er zu der Entscheidung gelangen, lieber ein positives Designvermächtnis zu hinterlassen. Aber wann ist dieser Punkt erreicht?

Wir sagen, er ist bereits da, und Fahrlässigkeit beginnt bereits morgen. Sobald Sie die aktuelle Zerstörung verstehen, werden Sie, wenn Sie nichts dagegen unternehmen, in eine Strategie der tragischen Folgen verwickelt, selbst wenn Sie nie vorhatten, eine solche Zerstörung zu verursachen. Sie können sich weiterhin an dieser Strategie der tragischen Folgen beteiligen oder eine *Strategie des Wandels* entwerfen und verfolgen.

Vielleicht stellen Sie sich vor, dass eine brauchbare Strategie des Wandels schon existiert. Gibt es nicht bereits eine Reihe »grüner«, »Umwelt-« und »öko-effizienter« Initiativen? Im nächsten Kapitel werden wir uns eingehender mit diesen Bewegungen und den von ihnen angebotenen Lösungen befassen.

# 2. »Weniger schlecht« ist nicht gut

Schon in der Anfangsphase der industriellen Revolution war man bestrebt, die durch die Industrie verursachten Umweltprobleme einzugrenzen, da die Fabriken so großen Schaden anrichteten und die Umwelt derart belasteten, dass man Kontrollen einführen musste, um Erkrankungen und Todesfälle zu verhindern. Seit damals besteht die typische Reaktion auf industrielle Zerstörung darin, nach einer weniger schlechten Methode zu suchen. Dieser Ansatz hat sein eigenes Vokabular, mit dem die meisten von uns vertraut sind: *vermindern, vermeiden, minimieren, reduzieren, begrenzen,* Begriffe, die in Umweltprogrammen schon lange eine wichtige Rolle spielen und dies auch heute in den meisten Umweltprogrammen der Industrie noch tun.

Einer der ersten Unheilpropheten war Thomas Malthus, der Ende des 18. Jahrhunderts ein exponentielles Bevölkerungswachstum mit verheerenden Folgen für die Menschheit voraussagte. Malthus' Standpunkt war in der euphorischen Anfangsphase der Industrialisierung, als man fest an das Vermögen des Menschen glaubte, Gutes zu schaffen, und seine zunehmende Fähigkeit, die Erde zu seinen Zwecken zu formen, als konstruktiv galt, man sogar das Bevölkerungswachstum als Segen betrachtete, sehr unbeliebt. Malthus sah keinen großartigen, glänzenden Fortschritt voraus, sondern Dunkelheit, Mangel, Armut und Hungersnot. Sein *Population: The First Essay*, das 1798 veröffentlicht wurde, entstand als Reaktion auf den Essayisten und Utopisten William Godwin, der die Überzeugung vertrat, der Mensch sei »vervollkommnungsfähig«. »Ich habe einige der

Spekulationen über die Vervollkommnungsfähigkeit des Menschen und der Gesellschaft mit großem Vergnügen gelesen«[1], schrieb Malthus. »Das bezaubernde Bild, das sie bieten, hat mich entzückt und mir das Herz erwärmt.« Doch er kam zu dem Schluss: »Das Wachstum der Bevölkerung ist um so vieles größer als das Vermögen der Erde, die Menschheit zu ernähren, dass die menschliche Rasse in der einen oder anderen Form ein vorzeitiger Tod ereilen muss.« Auf Grund seines Pessimismus (und seines Vorschlags, die Menschen sollten weniger Sex haben), machte man sich über Malthus lustig. Selbst heute noch verbindet man seinen Namen mit einer pessimistischen Weltsicht.

Während Malthus seine düsteren Voraussagen über die menschliche Bevölkerung und die Naturschätze machte, nahmen andere – mit zunehmender Industrialisierung – Veränderungen der Natur (und des Zeitgeistes) wahr. Englische romantische Dichter wie William Wordsworth und William Blake beschrieben die spirituelle und schöpferische Tiefe, zu der die Natur inspirieren könne, und sprachen sich gegen eine zunehmend mechanistische städtische Gesellschaft aus, in der Einnehmen und Ausgeben immer mehr in den Mittelpunkt rückten. Die Amerikaner George Perkins Marsh, Henry David Thoreau, John Muir, Aldo Leopold und andere setzten diese literarische Tradition im 19. und 20. Jahrhundert und in der Neuen Welt fort. Diese Stimmen aus der Wildnis – aus den Wäldern Maines, aus Kanada, Alaska, dem Mittelwesten und dem Südwesten – bewahrten in ihren Werken die Landschaft, die sie liebten, beklagten ihre Zerstörung und beteuerten ihren Glauben an das, was Thoreau so treffend formulierte: »Die Ursprünglichkeit ist der Schutz der Erde.«[2] Marsh war einer der Ersten, der erkannte, dass der Mensch dazu in der Lage war, die Umwelt dauerhaft zu zerstören, und Leopold nahm einige der Schuldgefühle vorweg, die häufig das heutige Umweltbewusstsein charakterisieren.

> »Wenn ich diese Gedanken in Druck gebe, trage ich zur Abholzung der Wälder bei. Wenn ich Sahne in meinen Kaffee gieße, trage ich dazu bei, einen Sumpf auszutrocknen, damit die Kühe grasen können, und die Vögel Brasiliens auszurotten. Wenn ich mit meinem Ford zur Vogelbeobachtung oder zur Jagd fahre, vernichte ich ein Ölfeld und trage zur Wiederwahl eines Imperialisten bei, damit ich an Gummi komme. Nein, mehr noch: Wenn ich mehr als zwei Kinder zeuge, schaffe ich einen steten Bedarf an mehr Druckerpressen, mehr Kühen, mehr Kaffee, mehr Öl, für dessen Befriedigung mehr Vögel, mehr Bäume und mehr Blumen entweder getötet oder … ihrer Lebensräume beraubt werden.«[3]

Einige dieser Männer waren Gründungsmitglieder von Naturschutzorganisationen wie dem Sierra Club und der Wilderness Society, die das Ziel verfolgten, die Wildnis vor der Industrialisierung zu schützen. Ihre Schriften inspirierten neue Generationen von Umweltschützern und Naturfreunden und tun es noch immer.

Doch erst als 1962 Rachel Carsons *Der stumme Frühling* veröffentlicht wurde, verband sich diese romantische Ehrfurcht vor der Wildnis mit einem wissenschaftlich fundierten Anliegen. Bis zu diesem Zeitpunkt bedeutete Umweltschutz Protest gegen offensichtliche Eingriffe – gegen Entwaldung, Schäden durch Bergbau, Umweltverschmutzung durch Fabriken und andere sichtbare Veränderungen – und den Versuch, besonders geschätzte Landschaften wie die White Mountains von New Hampshire oder Yosemite in Kalifornien zu schützen. Carson wies auf etwas Heimtückischeres hin. Sie stellte sich eine Landschaft vor, in der kein Vogel sang, und erklärte dann, dass vom Menschen hergestellte Chemikalien – vor allem Pestizide wie DDT – die Natur verwüsteten.

Obwohl es fast ein Jahrzehnt dauerte, führte *Der stumme*

*Frühling* schließlich in den Vereinigten Staaten und in Deutschland zum Verbot von DDT und setzte eine noch andauernde Kontroverse über die Gefahren von Industrie-Chemikalien in Gang. Diese Kontroverse veranlasste Wissenschaftler und Politiker, sich der Umweltfrage anzunehmen und Organisationen zu gründen wie Greenpeace Environmental Defense, das Natural Resources Defense Council, den WWF und den BUND (Bund für Umwelt und Naturschutz Deutschland). Den Umweltschützern ging es nun nicht länger nur um den Naturschutz, sondern auch um die Kontrolle und Reduzierung von Schadstoffen. Eine schwindende Wildnis und geringer werdende Ressourcen wurden nun gemeinsam mit der Umweltverschmutzung und Giftabfällen zu ihren Hauptanliegen.

Malthus' Theorie hatte auch weiterhin großen Einfluss. 1968 veröffentlichte Paul Ehrlich, ein Pionier des modernen Umweltbewusstseins und ein bedeutender Biologe der Universität Stanford, *The Population Bomb*, ein Schreckensszenario à la Malthus, und erklärte, dass die siebziger und achtziger Jahre des 20. Jahrhunderts düstere Perioden des Ressourcenmangels und der Hungersnöte sein würden mit »Abermillionen« Todesopfern.[4] Ehrlich wies auch auf die Gewohnheit der Menschen hin, »die Atmosphäre als Müllkippe zu benutzen«. »Wollen wir so weitermachen und herausfinden, was passiert?«, fragte er. »Was bringt es uns, wenn wir ›Umweltroulette‹ spielen?«

1984 veröffentlichte Ehrlich zusammen mit seiner Frau Anne *The Population Explosion*. In dieser zweiten Warnung an die Menschheit behaupteten sie: »Damals brannte die Lunte, jetzt ist die Bevölkerungsbombe detoniert.«[5] Die wichtigsten »Ursachen für die Probleme auf unserem Planeten«, so das Autorenpaar, »sind das übermäßige Bevölkerungswachstum und dessen Auswirkungen auf die Ökosysteme und die menschliche Gesellschaft«. Ihr erstes Kapitel trägt die Überschrift: »Warum hat nicht jeder so viel Angst wie wir?«, und in ihrem Schlusswort legen sie der Menschheit Folgendes ans Herz: »Beendet das Bevölkerungswachstum so schnell und schmerzlos wie möglich« und »Verwandelt das Wirtschaftssystem von einem auf Wachstum basierenden in eins der Nachhaltigkeit, indem ihr den Pro-Kopf-Verbrauch einschränkt«.

Die Assoziation von Wachstum mit negativen Folgen ist heutzutage eines der Hauptthemen von Umweltschützern. 1972, also zwischen Ehrlichs erster und zweiter Veröffentlichung, brachten Donella und Dennis Meadows und der Club of Rome (eine internationale Gruppe führender Köpfe aus Wirtschaft, Politik und Wissenschaft) *Die Grenzen des Wachstums* heraus, eine weitere ernsthafte Warnung. Die Autoren schrieben, dass die Ressourcen auf Grund des Bevölkerungswachstums und der zerstörerischen Industrie stark schwinden würden, und kamen zu dem Schluss: »Wenn die gegenwärtige Zunahme der Weltbevölkerung, der Industrialisierung, der Umweltverschmutzung, der Nahrungsmittelproduktion und der Ausbeutung von natürlichen Rohstoffen unverändert anhält, werden die absoluten Wachstumsgrenzen auf der Erde im Laufe der nächsten hundert Jahre erreicht. Mit großer Wahrscheinlichkeit führt dies zu einem ziemlich raschen und nicht aufhaltbaren Absinken der Bevölkerungszahl und der industriellen Kapazität.«[6] Zwanzig Jahre später schloss eine Fortsetzung, *Die neuen Grenzen des Wachstums*, mit weiteren Warnungen: »Reduziere die Nutzung endlicher Rohstoffe.« – »Verhindere die Erosion regenerativer Ressourcen.« – »Achte auf maximale Effizienz.« – »Reduziere und beendige das Wachstum von Bevölkerung und Kapital.«[7]

1973 ging Ernst Friedrich Schumacher in *Small Is Beautiful: Economics as if People Mattered* (deutsch: *Small is beautiful: die Rückkehr zum menschlichen Maß*, 1985) das Problem des Wachstums aus philosophischer Sicht an. »Die Vorstellung von einem unbegrenzten Wirtschaftswachstum«, schrieb er, »vom Mehr und Mehr, bis jeder zur Genüge am Wohlstand teilhat, muss ernsthaft infrage gestellt werden.«[8] Schumacher trat nicht nur für den Verzicht auf Großtechnologien, sondern auch für gewaltlose Technologien ein, die »die destruktiven Trends umkehren, die uns nun alle bedrohen«. Er postulierte auch, die Menschen müssten hinsichtlich dessen, was sie für Reichtum und Fortschritt halten, ernsthaft umdenken. »Immer größere Maschinen, die eine immer größere Machtkonzentration nach sich ziehen und eine immer größere Gewalt gegen die Umwelt ausüben, symbolisieren keinen Fortschritt: Sie leugnen die Weisheit.« – »Wahre Weisheit«, so behauptete er, »finden wir nur in uns selbst.« Diese, so Schumacher, befähige uns, »die Hohlheit und fundamentale Unzulänglichkeit eines vorrangig dem Streben nach materiellen Dingen gewidmeten Lebens zu erkennen«.

Zur gleichen Zeit zeigten andere Umweltschützer den Verbrauchern Möglichkeiten auf, ihren negativen Einfluss auf die Umwelt zu verringern. Eine neuere Version dieser Botschaft findet sich in Robert Lilienfelds und William Rathjes 1998 veröffentlichtem *Use Less Stuff: Environmental Solutions for Who We Really Are*. Die Verbraucher, so argumentierten die Autoren, müssten mit gutem Beispiel vorangehen: »Die Wahrheit ist, dass all unsere größeren Umweltprobleme entweder durch den stetig wachsenden Konsum von Waren und Dienstleistungen verursacht werden oder zu diesem Konsum beitragen.«[9] Dieser für die westliche Kultur typische Impuls, alles zu verschlingen, sei, so behaupten sie, einer Drogen- oder Alkoholabhängigkeit vergleichbar. »Recyceln ist ein Aspirin, das einen ziemlich heftigen kollektiven Kater lindert, nämlich den zu starken Verbrauch.« Oder an anderer Stelle: »Die beste Möglichkeit, die schädlichen Umwelteinflüsse zu reduzieren, besteht nicht im vermehrten Recycling, sondern darin, weniger zu produzieren und wegzuwerfen.«

Die Veröffentlichung dringlicher und oft ergreifender Botschaften für Produzenten und Verbraucher hat eine reiche und lange Tradition. Doch es dauerte Jahrzehnte, bis diese Botschaften bei der Industrie wirklich ankamen. Erst in den neunziger Jahren des 20. Jahrhunderts erkannten die Industriebosse allmählich, dass es Grund zur Besorgnis gab. »Was wir für grenzenlos hielten, hat Grenzen«, sagte Robert Shapiro, der Vorsitzende und Chief Executive Officer von Monsanto, 1997 in einem Interview, »und wir beginnen, an diese Grenzen zu stoßen.«[10]

Der Weltgipfel in Rio (1992), mitinitiiert von dem kanadischen Geschäftsmann Maurice Strong, wurde als Reaktion auf diese Befürchtungen organisiert. Fast dreißigtausend Menschen aus aller Welt, mehr als hundert Staatsoberhäupter und Repräsentanten aus 167 Ländern kamen in Rio de Janeiro zusammen, um auf die beunruhigenden Signale der Umweltzerstörung zu reagieren. Zur großen Enttäuschung vieler wurden keine bindenden Vereinbarungen erzielt. (Strong soll gewitzelt haben: »Es waren viele Staatsoberhäupter da, aber keine wirklichen Staatsmänner.«) Doch eine wichtige Strategie kristallisierte sich dennoch heraus: Öko-Effizienz. Die Industriemaschinerie würde mit saubereren, schnelleren und leiseren Motoren neu ausgerüstet werden. Die Industrie würde ihren Ruf retten, ohne ihre Strukturen entscheidend zu verändern oder ihr Profitstreben aufs Spiel zu setzen. Öko-Effizienz würde die menschliche Industrie von einem System, das nimmt, produziert und verschwendet, in eines verwandeln, das die wirtschaftlichen, ökologischen und ethischen Belange mit einschließt. Industrien überall auf der Welt betrachten Öko-Effizienz nun als *die* Strategie des Wandels.

Was ist nun Öko-Effizienz? In erster Linie bedeutet dieser Begriff »mehr mit weniger erreichen«, ein Grundsatz, der seine Wurzeln in den Anfängen der Industrialisierung hat. Henry Ford selbst bestand auf einer schlanken und sauberen Produktion und erzielte Einsparungen in Millionenhöhe, indem er den Abfall reduzierte und mit seinem Zeit sparenden Fließband neue Maßstäbe setzte. »Man muss das Optimum aus der Arbeitskraft, aus dem Material und aus der Zeit herausholen«[11], schrieb er 1926, ein Credo, das sich heutzutage die meisten Führungskräfte stolz an die Wand hängen würden. Die wohl bekannteste Darlegung der Verbindung von Effizienz und Umwelterhalt ist in *Our Common Future*, einem 1987 von der United Nations' World Commission on Environment and Development veröffentlichten Bericht, zu finden. *Our Common Future* warnte, die Gesundheit des Menschen, das Eigentum und die Ökosysteme würden ernsthaft gefährdet sein und das Leben in den Städten unerträglich werden, wenn man die Umweltverschmutzung nicht stärker unter Kontrolle bringe. »Es sollten solche Industrien und Unternehmen ermutigt werden, die effizienter mit den Ressourcen umgehen, weniger Schadstoffe und Abfall produzieren, eher regenerative statt endliche Rohstoffe verwenden und die irreversiblen schädlichen Auswirkungen auf die Gesundheit des Menschen sowie die Umwelt minimieren«[12], hieß es in dem Bericht der Kommission.

Fünf Jahre später wurde der Begriff »Öko-Effizienz« offiziell vom Business Council for Sustainable Development, einer Gruppe von 48 industriellen Sponsoren, einschließlich Dow, DuPont, Conagra und Chevron, geprägt, die man darum gebeten hatte, aus unternehmerischer Sicht zum Weltgipfel beizutragen. Der Rat formulierte seinen Aufruf zum Wandel praxisorientiert. Er konzentrierte sich eher auf die Frage, welchen Nutzen die Unternehmen aus einem neuen ökologischen Bewusstsein ziehen könnten, als darauf, welchen Schaden die Umwelt nehmen könnte, würde die Industrie weiterhin den alten Mustern folgen. Der Bericht der Gruppe, *Changing Course*, der pünktlich zum Weltgipfel veröffentlicht wurde, betonte die Bedeutung der Öko-Effizienz für alle Unternehmen, die langfristig konkurrenzfähig und erfolgreich sein und nachhaltig wirtschaften wollten. »Innerhalb eines Jahrzehnts«, prophezeite Stephan Schmidheiney, einer der Gründer des Rates, »wird es für ein Unternehmen schier unmöglich werden, ohne Öko-Effizienz konkurrenzfähig zu sein – ohne einem Gut oder einer Dienstleistung mehr Qualität zu verleihen und gleichzeitig weniger Ressourcen zu verbrauchen und weniger Verschmutzung zu verursachen.«[13]

Noch schneller als Schmidheiney es voraussagte, hat die Öko-Effizienz mit außergewöhnlichem Erfolg in der Industrie Einzug gehalten. Die Anzahl der Unternehmen, die sich dieses Prinzip zu Eigen machen, steigt weiter an, einschließlich solch großer Namen wie Monsanto, 3M (dessen drei Ps – »Pollution Pays Program« – 1986 vor der Prägung des Begriffs »Öko-Effizienz« wirksam wurden) und Johnson & Johnson. Die berühmten drei Vs der Bewegung – *vermindern*, (wieder-)*verwenden*, *verwerten* – gewinnen in den Privathaushalten wie am Arbeitsplatz zunehmend an Popularität. Der Erfolg ist zum Teil auf die wirtschaftlichen Vorteile der Öko-Effizienz zurückzuführen, die beträchtlich sein können. 3M verkündete zum Beispiel 1997, die Firma habe über 750 Millionen Dollar durch Umwelt-Maßnahmen eingespart, und auch andere Unternehmen berichten von enormen Einsparungen.[14] Die Einschränkung des Ressourcen- und Energieverbrauchs, von Emissionen und Abfällen, hat natürlich eine positive Wirkung auf die Umwelt wie auch auf das öffentliche Wohlbefinden. Wenn man hört, dass ein Unternehmen wie DuPont seine Emissionen Krebs verursachender Substanzen seit 1987 um etwa 70 Prozent vermindert habe[15], fühlt man sich gleich viel besser. Öko-effiziente Industrien können Gutes für die Umwelt leisten, und die Menschen brauchen weniger Angst vor der Zukunft zu haben. Oder etwa nicht?

## Die vier Grundsätze: vermindern, wiederverwenden, verwerten – und regulieren

Ob es darum geht, die erzeugte oder emittierte Menge an Giftmüll oder die Menge der verwendeten Rohstoffe zu vermindern oder auch die Produktgröße zu verkleinern (in Umweltkreisen bekannt als »Dematerialisierung«), Verminderung ist ein zentraler Lehrsatz der Öko-Effizienz. Doch eine Verminderung in irgendeinem dieser Bereiche beendet weder die Erschöpfung von Rohstoffquellen noch die Zerstörung der Umwelt – sie sorgt lediglich dafür, dass diese Prozesse verlangsamt und hinausgezögert werden.

So ist zum Beispiel die Reduzierung der gefährlichen Toxine und Schadstoffe, die die Industrie freisetzt, ein wichtiges öko-effizientes Ziel. Es klingt unanfechtbar, doch neuere Studien zeigen, dass selbst winzige Mengen gefährlicher Emissionen im Laufe der Zeit verheerende Wirkungen auf biologische Systeme haben können. Dies gilt vor allem für Substanzen, die das Hormonsystem und die Fortpflanzungsfähigkeit stören – Industrie-Chemikalien, die sich in einer Vielzahl moderner Kunststoffe und anderen Verbrauchsgütern finden, als Hormonimitate wirken und sich mit Rezeptoren in menschlichen und anderen Organismen verbinden. In *Die bedrohte Zukunft*, einer Pionierstudie über bestimmte synthetische Chemikalien und ihre Auswirkungen auf die Umwelt, behaupten Theo Colborn, Dianne Dumanoski und John Peterson Myers: »Schon erstaunlich kleine Mengen dieser hormonähnlich wirkenden Verbindungen können, vor allem wenn sie in den Mutterleib gelangen, verheerend für die Gesundheit sein.«[16] Außerdem konzentrieren sich den Autoren zufolge viele Studien über die Gefahren von Industrie-Chemikalien auf Krebs, während die Forschung über andere durch Schadstoffe verursachte Schäden noch in den Kinderschuhen steckt.

Neuere Forschungen zeigen, dass sich Feinstäube – mikroskopisch kleine Partikel, die zum Beispiel während Verbrennungsprozessen in Kraftwerken oder bei Kraftfahrzeugen freigesetzt werden – in der Lunge festsetzen und diese schädigen können.[17] Eine 1995 an der Harvard University durchgeführte Studie ergab, dass diese winzigen Partikel jährlich für 100 000 US-Bürger die Todesursache sind. Zwar gibt es Verordnungen hinsichtlich der Freisetzung dieser Partikel, doch sind diese erst ab 2005 bindend (und was nützt es, die Menge zu reduzieren, wenn schon kleinste Mengen dieser Feinstäube gesundheitsschädlich sind).

Eine weitere Strategie zur Abfallverminderung ist die Verbrennung, die oft als weniger schädlich eingestuft wird als das Deponieren von Müll und von Verfechtern der Energie-Effizienz als »Energie aus Abfall« gepriesen wird. Doch der Müll in Verbrennungsanlagen brennt nur, weil wertvolles Material wie Papier und Kunststoff entflammbar ist. Da dieses Material nicht so konzipiert ist, dass es gefahrlos verbrannt werden kann, setzt es bei der Verbrennung Dioxine und andere Toxine frei. In Hamburg enthalten die Blätter mancher Bäume auf Grund von Schadstoffemissionen aus Verbrennungsanlagen solch hohe Konzentrationen an Schwermetallen, dass die Blätter selbst verbrannt werden müssen, was zu einem Teufelskreis mit zweierlei Wirkung führt: Wertvolles Material wie diese Metalle reichert sich mit möglichen schädlichen Folgen im Ökosystem an und geht der Industrie für immer verloren.

Die Luft, das Wasser und der Boden nehmen unsere Abfälle nur dann in sich auf, wenn diese Abfälle selbst völlig gesund und biologisch abbaubar sind. Und selbst Gewässerbiotope sind nicht, wie irrtümlich angenommen, in der Lage, gefährliche Abwässer restlos zu reinigen. Angesichts unseres geringen Wissens über industrielle Schadstoffe und ihre Wirkungen auf natürliche Systeme kann »verlangsamen« langfristig keine gesunde Strategie sein.

Märkte zu finden, die Abfall *wiederverwenden*, kann Industrien und Verbrauchern ebenfalls das Gefühl geben, dass etwas Gutes für die Umwelt getan wird, weil die Müllberge zu »verschwinden« scheinen. Doch in vielen Fällen wird dieser Müll – samt der Toxine und Schmutzstoffe – einfach an einen anderen Ort verlagert. In einigen Entwicklungsländern wird Klärschlamm als Tierfutter recycelt, doch der bei der Abwasserreinigung in konventionellen Klärwerken produzierte Klärschlamm enthält Chemikalien, die für Tiere gesundheitsschädlich sind. Klärschlamm wird auch als Kunstdünger verwendet – ein gut gemeinter Versuch, Nährstoffe zu nutzen –, doch so, wie er derzeitig verarbeitet wird, kann er schädliche Substanzen (wie Dioxine, Schwermetalle, das Hormongleichgewicht störende Substanzen und Antibiotika) enthalten, die sich nicht zum Düngen von Feldfrüchten eignen. Selbst aus häuslichem Abwasser gewonnener Klärschlamm, der Toilettenpapier aus recyceltem Papier enthält, kann Dioxine aufweisen. Wenn Materialien nicht ausdrücklich so *konzipiert* sind, dass sie letztlich gefahrlos zu Nahrung für die Natur werden, kann das Kompostieren ebenfalls Probleme aufwerfen. Beim Kompostieren von so genanntem biologisch abbaubarem städtischem Müll, einschließlich Verpackungen und Papier, können die in den Materialien enthaltenen Chemikalien und Toxine in die Umwelt freigesetzt werden. Selbst wenn es sich nur um ganz geringe Mengen dieser Toxine handelt, ist dieses Verfahren nicht sicher. In einigen Fällen wäre es tatsächlich ungefährlicher, das Material in einer Mülldeponie zu versiegeln.

Und wie steht es mit dem *Recyceln*? Wie bereits erwähnt, handelt es sich beim Recycling in der Regel eigentlich um ein *Downcycling*, um die Verminderung der Qualität eines Materials. Kunststoffe werden, mit Ausnahme der für Getränkeflaschen verwendeten, mit anderen Kunststoffen vermischt und zu einer Hybride geringerer Qualität verarbeitet, wobei dann etwas so Amorphes und Billiges wie eine Parkbank oder eine Bodenschwelle herauskommt. Auch Metalle werden oft downgecycelt. So wird zum Beispiel der für Autos verwendete hochwertige Stahl – hochfester Stahl – »recycelt«, indem man ihn mit anderen Autoteilen, einschließlich dem Kupfer der Autokabel sowie den Farb- und Kunststoffbeschichtungen, einschmilzt. Doch diese Materialien verringern die Qualität des recycelten Stahls. Manchmal wird noch mehr hochwertiger Stahl hinzugefügt, damit die Hybride für ihre nächste Verwendung fest genug ist, aber dieser Stahl wird nicht die für die Herstellung eines neuen Wagens notwendigen Materialeigenschaften haben. Außerdem gehen die Buntmetalle wie Kupfer, Mangan und Chrom sowie die Farben, Kunststoffe und anderen Komponenten, die für die Industrie in einem hochwertigen Reinzustand von Wert waren, verloren. Derzeit gibt es keine Technologie, um die Polymer- und Farbbeschichtungen von dem in der Autoindustrie verwendeten Metall zu trennen, bevor dieses weiterverarbeitet wird. Deswegen ist es bisher, selbst wenn beim Design eines Autos dessen Demontage mit eingeplant wäre, technisch nicht möglich, den hochwertigen Stahl »in einem geschlossenen Kreislauf weiterzirkulieren zu lassen«. Bei der Neuproduktion einer Tonne Kupfer entstehen 300 Tonnen Abfall, aber einige Abfallstahllegierungen haben tatsächlich einen höheren Kupfergehalt als Kupfererz. Zudem schwächt die Beimischung von Kupfer den Stahl. Stellen Sie sich vor, wie nützlich es wäre, wenn die Industrie eine Möglichkeit hätte, dieses Kupfer wiederzugewinnen, statt es ständig zu verlieren.

Aluminium ist ein weiteres wertvolles, aber beständig downgecyceltes Material. Die typische Getränkedose ist aus zwei Aluminiumsorten hergestellt: Nur die Wände bestehen aus Aluminium, hinzu kommt etwas Mangan mit etwas Magnesium plus

Beschichtungen und Farbe, während der härtere Deckel eine Aluminium-Magnesium-Legierung ist. Beim konventionellen Recycling werden diese Materialien zusammengeschmolzen, und das Ergebnis ist ein minderwertigeres und weniger nützliches Produkt – bestenfalls noch Deckel.

Verlust an Wert und Material ist nicht das einzige Problem. Downcycling kann zu einer stärkeren Verschmutzung der Biosphäre führen. So enthalten zum Beispiel die Farben und Kunststoffe, die beim Recyceln in den Stahl eingeschmolzen werden, schädliche Chemikalien. Lichtbogenöfen, die Sekundärstahl zur Nutzung als Baumaterial recyceln, emittieren in hohem Maße Dioxin, ein merkwürdiger Nebeneffekt bei einem angeblich umweltfreundlichen Prozess. Da downgecycelte Materialien aller Art nicht so hart sind wie ihre Vorgänger, fügt man oft mehr Chemikalien hinzu, um sie wieder wertvoll zu machen. Bei einigen Kunststoffen werden beispielsweise, wenn sie geschmolzen und vermischt werden, die in ihnen enthaltenen Polymere – die Ketten, die den Kunststoff stark und flexibel machen – kürzer. Da sich die Materialeigenschaften des Kunststoffes beim Recyceln verändern (seine Elastizität, Klarheit und Reißfestigkeit nehmen ab), werden vielleicht chemische und anorganische Zusatzstoffe beigefügt, um die gewünschte Leistungsqualität zu erzielen. Als Ergebnis kann der downgecycelte Kunststoff mehr Zusatzstoffe enthalten als der Neukunststoff.

Da man bei seiner Herstellung das Recycling nicht mit eingeplant hat, muss Papier, damit es wiederverwendet werden kann, intensiv gebleicht und anderen chemischen Prozessen unterzogen werden. Das Ergebnis ist eine Mischung aus Chemikalien, Zellstoff und in manchen Fällen giftiger Druckerfarbe, die man eigentlich gar nicht in die Finger bekommen sollte. Die Fasern sind kürzer und das Papier härter als Neupapier, so dass sogar noch mehr Schadstoffpartikel freigesetzt und eingeatmet werden und Irritationen der Nasenschleimhäute und der Lunge hervorrufen können. Einige Menschen entwickeln Allergien gegen Emissionen von Zeitungen, die oft aus recyceltem Papier hergestellt sind.

Die kreative Nutzung downgecycelten Materials für neue Produkte kann trotz aller guten Absichten fehl am Platz sein. So haben manche Leute vielleicht das Gefühl, eine ökologisch gute Wahl zu treffen, wenn sie Kleidungsstücke kaufen und tragen, die aus den Fasern aus Plastikabfällen hergestellt wurden. Doch die Fasern von Plastikflaschen enthalten Toxine wie Antimon, Katalyserückstände, UV-Stabilisatoren, Weichmacher und Antioxidantien, die nie dazu vorgesehen waren, in Kontakt mit der Haut zu kommen. Ein weiterer Trend besteht darin, downgecyceltes Papier als Dämmmaterial zu verwenden. Damit es sich zum Dämmen eignet, müssen jedoch weitere Chemikalien (wie Fungizide, um Schimmel zu verhindern) hinzugefügt werden, was die durch toxische Druckerfarbe und andere Schmutzstoffe erzeugten Probleme nur noch verstärkt. Das Material gast dann möglicherweise Formaldehyd und andere Chemikalien in Ihr Haus aus.

In all diesen Fällen hat das Vorhaben zu recyceln andere Designüberlegungen überlagert. Die Tatsache, dass ein Material recycelt wurde, macht es nicht automatisch umweltfreundlich, vor allem dann nicht, wenn das Recycling bei seiner Herstellung nicht ausdrücklich mit eingeplant war. Blind oberflächliche Umweltmethoden zu übernehmen, ohne ihre Wirkungen voll und ganz zu verstehen, ist nicht unbedingt besser – und vielleicht sogar schlechter –, als nichts zu tun.

Downcycling hat einen weiteren Nachteil: Es kann für Unternehmen teuer sein, unter anderem weil man versucht, Materialien häufiger wiederzuverwenden, als das bei deren Herstellung vorgesehen war – eine komplizierte Umwandlung, die zudem zu einem weiteren Energie- und Ressourcenverbrauch führt. Die Gesetzgebung in Europa verlangt, aus Aluminium und Polypropylen hergestelltes Verpackungsmaterial zu recyceln. Da diese Behältnisse jedoch nicht dazu gedacht sind, zu neuem Verpackungsmaterial recycelt zu werden (das heißt, von der Industrie zur erneuten Herstellung desselben Produkts wiederverwendet zu werden), hat die Einhaltung dieses Gesetzes zusätzliche Betriebskosten zur Folge. Die Bestandteile der alten Verpackungen werden oft zu Produkten geringerer Qualität downgecycelt, bis man sie schließlich verbrennt oder auf irgendeine Mülldeponie verfrachtet. In diesem wie in vielen anderen Fällen wird ein ökologisches Programm für die Unternehmen zur Last statt zu einer lohnenden Alternative.

In *Systems of Survival* beschreibt die Urbanistin und Wirtschaftswissenschaftlerin Jane Jacobs zwei Grundaufgaben menschlicher Zivilisation, die *Wächter*- und die *Wirtschafts*aufgabe.[18] Der Wächter ist die Regierung, die Agentur, deren Hauptzweck darin besteht, die Öffentlichkeit zu schützen. Er behält sich das Recht vor zu töten (zum Beispiel Kriege zu führen). Er repräsentiert das öffentliche Interesse und soll nicht in den Markt eingreifen.

Wirtschaft andererseits ist der tägliche unmittelbare Austausch von Werten. Der Name ihres Hauptwerkzeugs, Geld, symbolisiert ihre Dringlichkeit. Wirtschaft ist schnell, äußerst kreativ, erfinderisch, ständig auf der Suche nach kurz- und langfristigen Vorteilen und von Natur aus ehrlich. Man kann mit Leuten, die nicht vertrauenswürdig sind, keine Geschäfte machen. Jede Mischung dieser beiden Aufgaben steckt Jacobs zufolge so voller Fehler, dass man sie nur noch als »riesig« beschreiben kann. Geld, das Werkzeug des Handels, korrumpiert den Wächter. Verordnungen, das Werkzeug des Wächters, bremsen den Handel. Ein Beispiel: Ein Hersteller gibt vielleicht mehr Geld aus, um gemäß gesetzlicher Vorgaben ein verbessertes Produkt zu liefern, doch seine Handelspartner, die schnell und billig an ihre Produkte kommen wollen, sind möglicherweise nicht bereit, die Zusatzkosten zu tragen. Sie finden dann das, was sie brauchen, andernorts, vielleicht im Ausland, wo die Bestimmungen weniger streng sind. So erhält das gesetzlich nicht kontrollierte und potenziell gefährliche Produkt einen Wettbewerbsvorteil.

Für Aufsichtsbehörden, die sich schützend vor ganze Industriezweige stellen, sind die einfachsten Lösungen oft jene, die in großem Maßstab angewandt werden können. Ein Beispiel hierfür sind die so genannten Grenzwertlösungen, bei denen nur die Abfall- und Verschmutzungsströme eines Prozesses oder Systems gesetzlich geregelt werden. Oder die Aufsichtsbehörden versuchen, die Emissionen auf ein akzeptableres Ausmaß zu reduzieren, und verlangen von den Unternehmen, mehr Belüftungsanlagen zu installieren oder wegen der schlechten Innenraumluft auf Grund von ausgasenden Stoffen oder Prozessen mehr Frischluft in das Gebäude zu pumpen. Aber dieser »Lösungsansatz« – Reduzierung – ist veraltet und ineffektiv, weil er das Design, dass diese Umweltverschmutzung verursachte, unberücksichtigt lässt. Der entscheidende Fehler bleibt bestehen: die schlecht konzipierten Materialien und Prozesse, die sich nicht für die Verwendung in geschlossenen Räumen eignen.

»Zwittermonster« sind laut Jacobs auch noch in anderer Hinsicht problematisch. Verordnungen zwingen Unternehmen, sich diesen unter Androhung von Strafe zu fügen, *belohnen* den Handel jedoch selten, wenn er eine Initiative ergreift. Da Gesetze oft einheitliche Grenzwertlösungen und nicht Veränderungen am Design verlangen, regen sie nicht gerade zur kreativen Problemlösung an, sie verhindern diese geradezu. Zudem können sie Umweltschützer und Industrielle gegeneinander ausspielen. Da gesetzliche Regelungen wie eine Züchtigung wirken, empfinden Industrielle sie als Ärgernis und Last. Da den Unternehmen ökologische Ziele in der Regel aufgezwungen werden – oder von diesen einfach als zusätzliche Dimension jenseits wichtiger Unternehmensziele betrachtet werden –, sind Umweltinitiativen in den Augen der Industrie von Natur aus unwirtschaftlich.

Wir wollen denjenigen, die mit guten Absichten Gesetze zum Schutz der Öffentlichkeit schaffen und erlassen, nicht am Zeug flicken. In einer Welt des unintelligenten und destruktiven Designs können Verordnungen unmittelbare schädliche Wirkungen reduzieren. Letztlich ist eine Verordnung jedoch Ausdruck eines Designmangels. Tatsächlich ist sie *eine Lizenz zu schaden*, wie wir sagen würden: Eine einem Industriezweig von der Regierung ausgestellte Genehmigung, Erkrankungen, Zerstörung und Tod in einem »akzeptablen Rahmen« zu verursachen. Wie wir sehen werden, braucht es allerdings für gutes Design keine Verordnungen.

Öko-Effizienz ist von außen betrachtet ein ausgezeichnetes, ja wirklich vortreffliches Konzept, jedoch keine Strategie für langfristigen Erfolg, weil es nicht tief genug reicht. Es weist nicht über die Grenzen des Systems hinaus, das das Problem überhaupt erst verursacht hat, und vermag lediglich, die problematischen Prozesse mit Hilfe moralischer Verbote und Strafmaßnahmen hinauszuzögern. Es bietet kaum mehr als die Illusion von Wandel. Sich bei der Rettung der Umwelt auf die Öko-Effizienz zu verlassen, wird tatsächlich das Gegenteil bewirken, denn dieses Konzept bietet der Industrie die Möglichkeit, alles zu zerstören – leise, beharrlich und vollständig.

Erinnern Sie sich an die Aufgabe in Kapitel 1, im Nachhinein die industrielle Revolution zu entwerfen? Würden wir den Einfluss der öko-effizienten Bewegung auf die Industrie in unsere Überlegungen einbeziehen, könnte das Ergebnis folgendermaßen aussehen:

Entwerfen Sie ein Industriesystem, das
- jährlich *geringere* Mengen an Schadstoffen in die Luft, den Boden und das Wasser leitet;
- den Wohlstand an *weniger* Aktivität misst;
- Tausende komplexer Vorschriften *einhält*, um die Menschen und natürlichen Systeme davor zu bewahren, zu schnell vergiftet zu werden;
- *weniger* Stoffe produziert, die so gefährlich sind, dass sie von zukünftigen Generationen ständig überwacht werden müssen, während man gleichzeitig in Angst lebt;
- *geringere* Mengen Müll produziert;
- *kleinere* Mengen wertvoller Materialien in Löcher überall auf dem Planeten stopft, aus denen sie nie wieder zurückgewonnen werden können.

Im Klartext: Die Öko-Effizienz macht das alte System lediglich ein bisschen langsamer zerstörerisch. In manchen Fällen kann sie sogar schädlicher sein, weil ihre Wirkung subtiler und langfristiger ist. Vielleicht hätte ein Ökosystem nach einem schnellen Zusammenbruch, der einige Nischen intakt lässt, tatsächlich eine größere Chance zu gesunden, als bei einer langsamen, bewussten und effizienten Zerstörung des Ganzen. Die marxsche »Verelendungstheorie« ist für soziale Systeme unakzeptierbar, für ökologische Systeme vielleicht angemessen.[19]

## Effizient – in welcher Hinsicht?

Die Industrie betrachtete Effizienz im Allgemeinen schon vor Prägung des Begriffs »Öko-Effizienz« als Tugend. Wir möchten im Folgenden das allgemeine Ziel der Effizienz für ein System, das weitgehend zerstörerisch ist, hinterfragen.

Man denke nur an öko-effiziente Gebäude. Vor zwanzig Jahren betrug in Deutschland die übliche, zum Heizen eines durchschnittlichen Hauses benötigte Ölmenge pro Jahr 30 Liter pro Quadratmeter. Heute braucht man auf Grund eines hocheffizienten Wohnungsbaus lediglich 1,5 Liter pro Quadratmeter. Eine erhöhte Effizienz wird oft durch besseres Dämmmaterial erzielt (zum Beispiel durch Kunststoffbeschichtungen in potenziellen Luftaustauschbereichen, so dass von außen weniger Luft in das Gebäude dringt) und durch kleinere, abgedichtete Fenster. Diese Strategien sollen das System optimieren und die Energieverschwendung reduzieren. Indem die effizienten Hausbesitzer jedoch die Luftaustauschraten verringern, erhöhen sie gleichzeitig die Konzentration der Innenraumluftbelastung durch chemische Substanzen, die die herkömmlichen Materialien und Produkte in ihr Haus ausgasen. Ist die Qualität der Innenraumluft auf Grund primitiver Produkte und Baumaterialien schlecht, muss mehr und nicht weniger frische Luft durch das Gebäude zirkulieren.

Allzu effiziente Gebäude können auch gefährlich sein. Vor einigen Jahrzehnten schuf die türkische Regierung kostengünstigen Wohnraum, indem sie Apartments und Häuser entwarf und bauen ließ, die mit einem Minimum an Stahl und Beton »effizient« konstruiert wurden. Doch während der Erdbeben von 1999 stürzten diese Gebäude wie Kartenhäuser ein, wohingegen die älteren »ineffizienten« Gebäude dem Beben besser standhielten. Kurzfristig sparten die Leute, da die Mieten günstig waren, Geld, doch langfristig erwies sich die Effizienz-Strategie als gefährlich. Welchen gesellschaftlichen Nutzen haben billige, effiziente Wohnungen, wenn sie die Menschen mehr Gefahren aussetzen als die traditionellen Gebäude?

Eine effiziente Landwirtschaft kann für die umliegende Landschaft sowie die Pflanzen- und Tierwelt vernichtend sein. Ein gutes Beispiel bietet der Kontrast zwischen Ostdeutschland und Westdeutschland. Traditionell wurde in Ostdeutschland nur etwa halb so viel Weizen pro Hektar Land produziert wie in Westdeutschland, weil die Agrarwirtschaft im Westen moderner und effizienter war. Die »ineffiziente«, altmodischere Agrarwirtschaft der östlichen Region ist tatsächlich jedoch besser für die ökologische Gesundheit: Es gibt dort größere Feuchtgebiete, die nicht entwässert und dann für den Anbau von Monokulturen genutzt wurden, und in denen mehr seltene Tierarten lebten – zum Beispiel 3000 nistende Storchenpaare im Vergleich zu 240 Paaren in den entwickelteren westlichen Bundesländern. Diese wilden Marschen und Feuchtgebiete sind wichtige Brutstätten und entscheidend für den Nährstoffkreislauf sowie die Wasseraufnahme und -reinigung. Heute wird die Landwirtschaft in ganz Deutschland effizienter und zerstört Feuchtgebiete und andere Lebensräume, was die Aussterberaten immer weiter ansteigen lässt – kein Gesetz konnte dies stoppen.

Öko-effiziente Fabriken werden als Musterbeispiele für moderne Produktionsstätten hingestellt. In Wahrheit jedoch ist die Verschmutzung, die sie anrichten, einfach nur weniger offensichtlich. Weniger effiziente Fabriken verseuchen in der Regel das Umland, statt ihre Schadstoffe durch hohe Schornsteine in andere, weit von der Anlage entfernte Gebiete zu schicken. Regionale Zerstörung ist zumindest sichtbarer und leichter zu begreifen: Wenn man weiß, womit man es zu tun hat, ist man vielleicht besorgt genug, etwas dagegen zu unternehmen. Effiziente Zerstörung lässt sich nicht so leicht entdecken und ist damit schwerer aufzuhalten.

Philosophisch betrachtet hat (Öko-)Effizienz keinen eigenen Wert: Sie hängt vom Wert des größeren Systems ab, dessen Teil sie ist. Ein effizienter Nazi, zum Beispiel, ist etwas Schreckliches. Sind die Ziele fragwürdig, kann Effizienz die Zerstörung sogar noch heimtückischer machen.

Schließlich macht Effizienz nicht viel Spaß. In einer von

Effizienz beherrschten Welt würde jede Entwicklung nur eingeschränkten, praktischen Zwecken dienen. Schönheit, Kreativität, Fantasie, Genuss, Inspiration und Dichtung blieben auf der Strecke und unsere Welt würde sehr reizlos. Stellen Sie sich eine völlig effiziente Welt vor: Ein italienisches Essen bestünde aus einer Pille und einem Glas Wasser mit einem künstlichen Italien-Aroma. Van Gogh würde nur eine einzige Farbe verwenden. Whitmans ausufernder *Song of Myself* würde auf eine einzige Seite passen. Und wie wäre es mit effizientem Sex? Eine effiziente Welt versetzt uns nicht gerade in Entzücken. Im Gegensatz zur Natur ist sie geradezu armselig.

Das soll nicht heißen, dass wir Effizienz *ganz und gar* verurteilen. Setzt man sie als Werkzeug innerhalb eines größeren, effektiven Systems ein, das in vielen Bereichen – und nicht nur im Wirtschaftsbereich – positive Wirkungen erzielen will, kann sie tatsächlich sehr wertvoll sein. Sie ist auch wertvoll, wenn man sie als Übergangsstrategie betrachtet, mit deren Hilfe die Auswirkungen des derzeitigen Systems gebremst und eine Kehrtwende herbeigeführt werden kann. Solange die moderne Industrieproduktkette jedoch so zerstörerisch ist, ist das Ziel, sie lediglich weniger schlecht zu machen, in verheerender Weise kurzsichtig.

Die Umweltpolitik der Industrie, weniger schlecht zu sein, hat entscheidend dazu beigetragen, wichtige Umweltbotschaften auszusenden – Botschaften, die auch weiterhin die Aufmerksamkeit der Öffentlichkeit auf sich lenken und zu wichtigen Forschungen anspornen. Andererseits begünstigen sie Schlussfolgerungen, die nicht sonderlich nützlich sind. Statt eine inspirierende, aufregende Vision des Wandels zu präsentieren, konzentrieren sich konventionelle Umweltkonzepte auf das, was man *nicht* tun sollte. Derartige Verbote können als eine Art Schuldmanagement für unsere kollektiven Sünden gesehen werden – ein gerne genommenes Placebo in der westlichen Kultur.

In frühgeschichtlichen Gesellschaften waren Reue, Buße und Opfer typische Reaktionen auf komplexe Systeme wie die Natur, über die die Menschen wenig Kontrolle hatten. Überall auf der Welt entwickelten Gesellschaften Religionen, die auf Mythen basierten. So ging man zum Beispiel davon aus, Unwetter, Hungersnöte oder Krankheiten seien darauf zurückzuführen, dass man die Götter verstimmt habe, und glaubte, sie mit Opfern besänftigen zu können. In einigen Kulturen muss man selbst heute noch etwas Wertvolles opfern, um den Segen der Götter (oder des Gottes) sowie Stabilität und Harmonie wiederzuerlangen.

Umweltzerstörung ist ein eigenes komplexes System – weit verbreitet, mit tieferen Ursachen, die schwer zu erkennen und zu verstehen sind. Wie unsere Vorfahren reagieren wir vielleicht automatisch mit Angst und Schuldgefühlen und suchen nach Möglichkeiten, uns reinzuwaschen – Möglichkeiten, die die »Öko-Effizienz«-Bewegung mit ihren Ermahnungen, weniger zu konsumieren und zu produzieren, indem man auf ein Minimum reduziert, vermeidet, verringert und Opfer bringt, zur Genüge anbietet. Wir werden für schuldig erklärt, *die* Spezies auf diesem Planeten zu sein, die diesen über Gebühr belastet. Da hilft nur eins: Reduzieren – unsere Präsenz, unsere Systeme, unsere Aktivitäten und sogar unsere Bevölkerung, damit wir fast unsichtbar werden. (Diejenigen, die das Bevölkerungswachstum für die Wurzel allen Übels halten, sind der Meinung, die Menschen sollten möglichst keine Kinder mehr bekommen.) Das Ziel heißt *null*: null Abfall, null Emissionen, null »ökologischer Fußabdruck«.

Solange die Menschen als »schlecht« betrachtet werden, ist *null* ein erstrebenswertes Ziel. Aber weniger schlecht zu sein bedeutet, die Dinge so zu akzeptieren, wie sie sind, und zu glauben, schlecht konzipierte, zerstörerische Systeme seien das *Beste*, was die Menschheit hervorbringen könne. Doch genau darin kommt der eigentliche Fehler dieses Ansatzes zum Ausdruck, nämlich die fehlende Vorstellungskraft. Unserer Meinung nach ist dies eine deprimierende Sichtweise der Rolle unserer Spezies auf diesem Planeten.

Wie wäre es mit einem gänzlich anderen Modell? Was würde es bedeuten, hundertprozentig gut zu sein?

# 3. Öko-Effektivität

Beginnen wir mit einer Geschichte über drei Bücher.

Das erste kennen wir gut. Es ist etwa 15 mal 22 Zentimeter groß, kompakt und angenehm zu halten. Die dunkle Druckfarbe kommt auf dem cremefarbenen Papier gut zur Geltung. Es hat einen bunten Umschlag und einen stabilen Pappeinband. In vieler Hinsicht ist es ein gut durchdachter Gegenstand, entworfen – wie seine sehr ähnlichen Vorfahren schon vor Hunderten von Jahren – mit dem Ziel einer optimalen Handhabung und Haltbarkeit. Vielleicht leihen es mehrere hundert Benutzer nacheinander aus der Bibliothek aus. Sie nehmen es mit ins Bett, in den Zug, an den Strand.

Doch so schön, funktional und strapazierfähig es auch ist, das Buch wird nicht ewig halten – und wenn es »Lesefutter« für den Strand ist, erwarten wir das ja auch nicht unbedingt. Was passiert, wenn wir es wegwerfen? Das Papier wird aus Bäumen hergestellt, also haben die natürliche Artenvielfalt und die Böden schon gelitten. Papier verrottet, aber die Druckfarben, die sich so schön vom Papier abhoben und das tolle Bild auf dem Umschlag erst möglich machten, enthalten Druckerschwärze und Schwermetalle. Der Umschlag ist eigentlich gar kein richtiges Papier, sondern eine Materialmischung – Zellstoff, Polymere und Beschichtungen sowie Tinten, Schwermetalle und Fluorchlorkohlenwasserstoffe (FCKW). Man kann es nicht ohne Risiko kompostieren, und wenn man es verbrennt, setzt es Dioxine frei, die zu den gefährlichsten von Menschen geschaffenen Krebs erregenden Substanzen überhaupt gehören.

Nehmen wir Buch Nummer zwei. Auch dieses Buch kommt uns heute vertraut vor. Es hat das übliche Aussehen und Format, aber das Papier – in langweiligem Beige – ist dünn und brüchig. Das Buch hat keinen Schutzumschlag und der Einband ist wie der Text in einer einzigen Farbe gehalten. Es wirkt vielleicht ein bisschen trist, aber der ökologisch Engagierte bemerkt sofort sein bescheidenes, »erdfreundliches« Aussehen. Und wirklich ist das Buch das Ergebnis eines konzertierten Versuchs, »öko-effizient« zu sein. Es ist auf recyceltem Papier gedruckt – daher das Beige –, mit Tinte auf Sojabasis. Außerdem haben seine Produzenten sich bemüht, zu »dematerialisieren«, weniger von allem zu verbrauchen; beachten Sie den dünnen, nicht beschichteten Textblock und das Fehlen des Schutzumschlags. Unglücklicherweise sieht man die Buchstaben durch das dünne Papier, und der schwache Kontrast zwischen Tinte und Seite strengt die Augen an. Der sparsam gebundene Rücken bricht beim Benutzen sehr bald. Das Buch ist nicht unbedingt leserfreundlich – aber immerhin ist es weniger umweltschädlich.

Oder etwa nicht?

Seine Produzenten haben lange und angestrengt darüber nachgedacht, welches Papier sie verwenden sollten; jede Wahl hatte ihre Nachteile. Anfangs fanden sie chlorfreies Papier attraktiv, weil sie wussten, dass Chlor ein ernstes Problem für Ökosysteme und die menschliche Gesundheit darstellt (indem es zum Beispiel Dioxine entstehen lässt). Aber sie mussten feststellen, dass man für völlig chlorfreies Papier frische Holzpulpe brauchen würde, weil jedes recycelte Papier in der Mischung schon gebleicht worden wäre. Im Grunde enthält fast jedes Papier, das aus irgendeiner Form von Holzpulpe gemacht ist, Chlor, weil Chlorsalz natürlich in Bäumen vorhanden ist. Was für eine Zwickmühle: Sollte man lieber die Flüsse verschmutzen oder die Wälder abholzen? Sie wählten schließlich Papier mit dem größtmöglichen Altpapieranteil, um das zu umgehen, was ihrer Ansicht nach das Schlimmere wäre. Ein weiteres Dilemma wartete schon auf Sie: Die Druckfarben auf Sojabasis können Chlorkohlenwasserstoffe oder andere Giftstoffe enthalten, die in dieser wasserlöslichen, »umweltfreundlichen« Form eher in die Umwelt gelangen als bei konventioneller Zusammensetzung auf Lösungsmittelbasis. Um eine akzeptable Haltbarkeit zu gewährleisten, wurde der Einband beschichtet, kann dadurch aber nicht mit dem Rest des Buches recycelt werden, und wegen des schon hohen Altpapieranteils sind die Papierfasern so kurz, dass sie kaum noch weiterverarbeitet werden können. Wieder einmal erweist sich das weniger Schlechte als eine nicht gerade ansprechende Lösung, was die praktische Handhabung, die Ästhetik und die Auswirkungen auf die Umwelt betrifft.

Vielleicht sollten wir das ganze Konzept eines Buches neu überdenken und dabei nicht nur die praktische Seite der Herstellung und der Benutzung im Auge haben, sondern auch die ästhetische Komponente. Vorhang auf für Buch drei, das Buch der Zukunft.

Ist es ein elektronisches Buch? Vielleicht – diese Form steckt noch in den Kinderschuhen. Vielleicht hat es auch eine andere Form, als wir uns heute überhaupt vorstellen können. Aber viele Menschen empfinden die Form des traditionellen Buches als ebenso sinnvoll wie angenehm. Wie wäre es, wenn nicht die Form des Gegenstands neu gedacht würde, sondern seine Materialien im Kontext mit seiner Beziehung zur Natur? Wie könnte das Buch zu einem Segen für die Menschen wie für die Umwelt werden?

Wir sollten vielleicht zuerst einmal überlegen, ob Papier an sich das geeignete Material ist, um Lesestoff zu verbreiten. Ist es passend, »unsere Geschichte mit Bärenblut auf Fischhaut« zu schreiben, um die Schriftstellerin Margaret Atwood zu zitieren? Stellen wir uns ein Buch vor, das kein Baum ist. Nicht einmal

Papier. Stattdessen besteht es aus Kunststoff, der unter einem völlig anderen Materialparadigma entwickelt worden ist, aus Polymeren, die ohne Qualitätseinbuße praktisch unendlich oft recycelbar sind – bei denen ihr weiteres Leben bei der Entwicklung im Vordergrund gestanden hat und nicht erst als unangenehme nachträgliche Überlegung eingeflossen ist. Dieses »Papier« braucht keine gefällten Bäume und kein Chlor, das dann in die Gewässer fließt. Die Farben sind ungiftig und können mit einem einfachen und sicheren chemischen Prozess oder in einem extrem heißen Wasserbad vom Polymer heruntergewaschen, danach wiedergewonnen und neu eingesetzt werden. Der Umschlag besteht aus einer dickeren Qualität desselben Polymers wie der Rest des Buches, und die Kleber sind aus kompatiblen Zutaten, so dass das ganze Buch, wenn es in seiner bestehenden Form nicht mehr gebraucht wird, von den Verlagen in einem einfachen, einschrittigen Recycling-Prozess neu bedruckt werden kann.

Aber auch das Vergnügen und die Bequemlichkeit des Lesers stehen bei dieser umweltverantwortlichen Erfindung nicht zurück. Die Seiten sind weiß und angenehm glatt, und anders als bei recyceltem Papier werden sie nicht gelb. Die Druckfarbe klebt nicht an den Fingern des Lesers. Und auch wenn sein nächstes Leben schon geplant ist, ist dieses Buch haltbar genug, um viele Generationen zu überdauern. Es ist zudem wasserfest, man kann es also am Strand lesen, ja sogar in der heißen Badewanne. Man kauft es, trägt es mit sich herum und liest es nicht als einen Tribut an die ökologische Sparsamkeit – und nicht nur wegen seines Inhalts –, sondern weil es einfach Spaß macht, es anzufassen. Es feiert seine Materialien eher, als dass es sich für sie entschuldigt. Bücher werden Bücher werden Bücher und werden immer wieder Bücher, jede Inkarnation ein glänzend neues Vehikel für frische Bilder und Ideen. Die Form folgt nicht nur einfach der Funktion, sondern der Evolution des Mediums selbst in dem sich endlos vervielfältigenden Geist des gedruckten Wortes.

Hinter der Entwicklung dieses dritten Buches steht der Auftrag, in den Molekülen seiner Seiten eine Geschichte zu erzählen. Nicht die alte Geschichte von Zerstörung und Verzweiflung, sondern eine von Überfluss und Erneuerung, menschlicher Kreativität und Findigkeit. Und obwohl das Buch, das Sie in der Hand halten, noch nicht jenes Buch ist, ist es mit diesem Konzept doch ein Schritt in diese Richtung, ein Anfang der Geschichte, den wir in den USA bereits umgesetzt haben.

Die Materialien dieses US-Buches haben nicht wir entwickelt. Nach jahrelangen Analysen und Tests mit Polymeren, die Papier ersetzen sollten, waren wir froh, als die bekannte Designerin Janine James aus New York zufällig mit Charlie Melcher von Melcher Media über unsere Suche sprach. Melcher arbeitete mit einem Papier aus einer Polymermischung, die benutzt worden war, um Flaschen für Reinigungsmittel zu beschriften, damit die Etiketten mit den Flaschen zusammen recycelt werden konnten und nicht »weggebrannt« werden mussten. Aus »Eigennutz« wollten sie eine Alternative zur üblichen »Monsterhybriden« verschiedener Plastiksorten. Charlie suchte nach einem wasserfesten Papier, auf dem er Bücher für die Badewanne und den Strand drucken konnte. Er wusste, dass dessen Qualitäten weit über die Wasserfestigkeit hinausgingen, und wollte gern, dass wir den zu erwartenden öko-effektiven Nutzen untersuchten. Als Michael es testete, stellte er fest, dass es ähnlich wie ein konventionelles Buch ausgast. Aber es kann recycelt werden, und was noch wichtiger ist, es hat das Potenzial zum *Up*cycling: Es kann auseinander genommen und als qualitativ hochwertiges, nützliches Polymer wiederverwendet werden.

Sobald wir uns mit einer solchen Vision im Hinterkopf – die kurzfristige Nützlichkeit, Anwenderfreundlichkeit und ansprechende Ästhetik des Produkts sowie das weitere Leben seiner

Materialien – an die Entwicklung machen, beginnt der Innovationsprozess erst richtig. Wir lassen das alte Modell des Produzierens und Verbrauchens und seine saure Frucht, die »Effizienz«, hinter uns und stellen uns der Herausforderung, nicht effizient, sondern – im Hinblick auf vielfältige Überlegungen und Wünsche – *effektiv* zu sein.

## Der Kirschbaum – unser Symbol für Öko-Effektivität

Nehmen wir den Kirschbaum: Tausende von Blüten bringen Früchte für Vögel, Menschen und andere Tiere hervor, nur damit ein Kern schließlich einmal zu Boden fällt, Wurzeln schlägt und wächst. Wer würde beim Anblick des von Blütenblättern übersäten Bodens unter dem Baum über mangelnde Effizienz und Verschwendung klagen? Der Baum bringt zahllose Blüten und Früchte hervor, ohne seine Umwelt zu belasten. Im Gegenteil: Sobald sie zu Boden fallen, verrotten ihre Materialien und zerfallen in Nährstoffe, die Mikroorganismen, Insekten, Pflanzen, Säugetiere und Boden zum Leben brauchen. Obwohl der Baum viel mehr von seinem »Produkt« herstellt, als er für den eigenen Erfolg im Ökosystem braucht, hat sich dieser Überfluss (in Jahrmillionen von Erfolgen und Fehlschlägen, oder in Managersprache: durch Forschung und Entwicklung) entwickelt, um vielen sehr verschiedenen Zwecken zu dienen. Der Baum ernährt mit seiner Fruchtbarkeit praktisch alles in seiner Umgebung.

Wie würde die von Menschen gemachte Welt aussehen, wenn ein Kirschbaum sie produziert hätte?

Wir wissen, wie ein öko-effizientes Gebäude aussieht. Es ist ein großer Energieverbrauchsreduzierer. Es minimiert die Luftzufuhr, indem alle möglichen Lecks gestopft werden. Es senkt die Sonneneinstrahlung durch dunkel gefärbtes Glas und verringert damit die notwendige Kühlleistung der Klimaanlage und damit auch die Menge der verbrauchten fossilen Energien. Das Kraftwerk wiederum lässt eine geringere Menge von Schadstoffen in die Umwelt, und wer auch immer die Stromrechnung begleicht, muss weniger Geld bezahlen. Die städtischen Versorgungsbetriebe zeichnen das Gebäude als das energiesparendste weit und breit aus und loben es als ein Vorbild für umweltbewusste Architektur. Wenn alle Gebäude so entworfen und gebaut würden, so verkünden die Stadtwerke, könnten Firmen umweltfreundlich handeln und dabei auch noch Geld sparen.

Und so würde es unserer Ansicht nach der Kirschbaum machen: Tagsüber strömt Licht herein. Die Aussicht durch die großen, ungetönten Fenster ist vielfältig – jeder Bewohner hat fünf verschiedene Sichtperspektiven, egal, wo er gerade sitzt. Leckeres, bezahlbares Essen und Getränke stehen den Beschäftigten in einem Café zur Verfügung, das sich auf einen sonnendurchfluteten Hof hin öffnet. In den Büroräumen kontrolliert jeder Beschäftigte selbst den Zustrom von Frischluft und die Temperatur seines Aufenthaltsortes. Die Fenster lassen sich öffnen. Das Kühlsystem optimiert die natürlichen Luftströme wie in einer Hazienda: Nachts füllt das System das Gebäude mit kühler Abendluft; das senkt die Temperaturen und vertreibt abgestandene Luft und Schadstoffe aus den Räumen. Eine Schicht heimischer Gräser bedeckt das Dach des Gebäudes, zieht Singvögel an und nimmt Regenwasser auf, während es gleichzeitig das Dach vor plötzlichen Temperaturänderungen und Zerfall durch ultraviolette Strahlung schützt.

Dieses Gebäude ist genauso energie-effizient wie das erste, aber das ist eine Nebenwirkung eines breiter angelegten und komplexeren Ziels: ein Gebäude zu schaffen, das sich eine ganze Palette kultureller und natürlicher Annehmlichkeiten zu Nutze macht – Sonne, Licht, Luft, Natur, sogar Nahrung –, um das Leben der Menschen, die dort arbeiten, zu verbessern. Beim Bau kosten bestimmte Elemente des zweiten Gebäudes ein bisschen mehr. So sind zum Beispiel Fenster, die sich öffnen lassen, teurer als Fenster, bei denen das nicht möglich ist. Aber die Strategie, das Gebäude nachts herunterzukühlen, spart die sonst notwendige Klimatisierung tagsüber. Reichliches Tageslicht spart Leuchtstoffröhren. Frische Luft macht den Aufenthalt im Inneren angenehm, ein Gewinn für die jetzigen Beschäftigten und eine Verlockung für potenzielle neue – und auf diese Weise ein Effekt mit nicht nur ästhetischen, sondern auch wirtschaftlichen Folgen. (Eine fähige und produktive Belegschaft zu erhalten und zu fördern gehört zu den vorrangigen Zielen eines Finanzchefs, denn die laufenden Kosten von Menschen – sie zu rekrutieren, zu beschäftigen und im Betrieb zu halten – sind zigmal so groß wie die Betriebskosten des durchschnittlichen Gebäudes.) In jedem Element zeigt das Gebäude die Vision des Auftraggebers und der Architekten von einer Gemeinschaft und einer Umgebung, für die das Leben im Mittelpunkt steht. Wir wissen das, weil Bills Architekturbüro das Team leitete, das es entwickelte.

Den gleichen Ansatz brachten wir auch bei der Planung einer Fabrik für Herman Miller, einen Hersteller von Büromöbeln, ein. Wir wollten den Beschäftigten das Gefühl geben, dass sie sich bei der Arbeit im Freien aufhalten, anders als die Arbeiter in der konventionellen Fabrik der industriellen Revolution, die nur am Wochenende ein bisschen Tageslicht zu sehen bekommen. Die Büros und Produktionsräume, die wir für Herman Miller entwarfen, kosteten im Bau nur 10 Prozent mehr als ein standardisiertes und vorgefertigtes Fabrikgebäude aus Metall. Wir planten die Fabrik rund um eine von Bäumen gesäumte Fläche, die als von hellem Tageslicht durchströmte »Straße« durch die ganze Länge des Gebäudes wahrgenommen wurde. Über allen Arbeitsplätzen befinden sich große Fenster im Dach, und die Produktionsstätte bietet Ausblicke sowohl auf die Straße im Innern wie auch auf die Umgebung draußen, so dass die Beschäftigten, selbst wenn sie drinnen arbeiten, am Ablauf des Tages und der Jahreszeiten teilhaben. (Selbst die Laderampen haben Fenster.) Die Fabrik wurde mit der Absicht geplant, die Aufmerksamkeit auf die umgebende Landschaft zu lenken und heimische Tier- und Pflanzenarten wieder anzulocken, statt sie zu vertreiben. Regenwasser und Abwasser werden zur Reinigung durch eine Reihe miteinander verbundener Wurzelklärbecken geleitet und damit die Belastung des in der Nähe fließenden Flusses vermindert, der durch die Einleitung des Wassers von Dächern, Parkplätzen und anderen versiegelten Oberflächen schon unter schweren Überschwemmungen leidet.

Eine Analyse der enormen Produktivitätszuwächse der Fabrik hat gezeigt, dass die »Biophilie« – die Liebe der Menschen zum Aufenthalt im Freien – ein wichtiger Faktor ist. Auch die Fluktuationsraten sind beeindruckend niedrig. Einige Arbeiter, die wegen höherer Löhne in die Fabrik eines Mitbewerbers gewechselt waren, kehrten wenige Wochen später zurück. Nach dem Grund befragt, erklärten sie den Managern, dass sie nicht »im Dunkeln« arbeiten könnten. Es waren junge Menschen, die vor nicht allzu langer Zeit die Arbeit aufgenommen hatten und vorher nie in einer »normalen« Fabrik gearbeitet hatten.

Die Gebäude sind erst der Anfang eines öko-effektiven Designs; sie bringen noch nicht in jeder Hinsicht die Prinzipien zum Tragen, die wir vertreten. Aber Sie können sich vielleicht den Unterschied zwischen Öko-Effizienz und Öko-Effektivität vorstellen als den Unterschied zwischen einem mit künstlichem Licht erhellten grauen Klotz ohne Frischluft und einem sonnendurchfluteten Raum voll frischer Luft, natürlicher Ausblicke und angenehmer Orte, an denen man arbeitet, isst und miteinander redet.

Peter Drucker hat dargelegt, dass es Aufgabe eines Managers ist, »Dinge richtig zu machen«. Aufgabe der Unternehmensleitung ist es aber, sicherzustellen, dass »die richtigen Dinge« getan werden.[1] Selbst das rigoroseste öko-effiziente Unternehmensparadigma kratzt nicht an grundlegenden Praktiken und Methoden: ein Schuh, ein Gebäude, eine Fabrik, ein Auto oder ein Shampoo kann völlig falsch geplant und gestaltet bleiben, selbst wenn die Materialien und Prozesse seiner Herstellung »effizienter« werden. Bei unserem Konzept der Öko-Effektivität geht es vielmehr um die Arbeit an den richtigen Dingen – an den richtigen Produkten und Dienstleistungen und Systemen – statt darum, die falschen Dinge weniger schlecht zu machen. Sobald man die richtigen Dinge macht, kann es dann auch vollkommen vernünftig sein, sie »richtig« zu machen, unter anderem mit Hilfe der Effizienz.

Wenn die Natur sich nach dem menschlichen Modell der Effizienz richten würde, gäbe es weniger Kirschblüten und weniger Nährstoffe, weniger Bäume, weniger Sauerstoff, weniger sauberes Wasser, weniger Singvögel, weniger Artenvielfalt, weniger Kreativität und Freude. Die Vorstellung, die Natur könnte effizienter sein, weniger Material verbrauchen oder sogar nicht »verschmutzen« (stellen Sie sich ein »Abfall«- oder Emissionsverbot für die Natur vor!), ist einfach absurd. Das Wunderbare an effektiven Systemen ist, dass man mehr von ihnen will, nicht weniger.

## Mehr Wachstum?

Fragen Sie ein Kind, was Wachstum ist, und es wird Ihnen wahrscheinlich erklären, dass das etwas Gutes ist, etwas Natürliches – es heißt, größer, gesünder und stärker zu werden. Das Wachstum in der Natur (und bei Kindern) wird im Allgemeinen als schön und gesund wahrgenommen. Industrielles Wachstum dagegen wird von Umweltschützern und anderen infrage gestellt, die sich Sorgen über den Raubbau an Ressourcen und die Zerstörung von Kultur und Umwelt machen. Städtisches und industrielles Wachstum wird oft als Krebsgeschwür bezeichnet, als etwas, das nur zum eigenen Nutzen wächst und nicht zum Nutzen des Organismus, den es bewohnt. (Wie Edward Abbey schrieb: »Wachstum um des Wachstums willen ist ein wie Krebs wuchernder Wahnsinn.«)

Widersprüchliche Auffassungen von Wachstum waren eine immer neue Ursache für Spannungen in Clintons President's Council on Sustainable Development, einer Gruppe von fünfundzwanzig Repräsentanten aus Wirtschaft, Politik, verschiedenen sozialen Gruppierungen und Umweltorganisationen, die sich zwischen 1993 und 1999 traf. Die Überzeugung der Mitglieder aus der Wirtschaft, dass Ökonomie auf die Fortführung der eigenen Existenz angelegt ist, dass sie Wachstum braucht, um zu überleben, verursachte Streit mit den Umweltschützern, in deren Augen wirtschaftliches Wachstum mehr Zersiedelung, einen größeren Verlust an alten Wäldern, ursprünglichen Regionen und Arten, mehr Verschmutzung, Vergiftung und globale Erwärmung bedeutete. Ihre Sehnsucht nach einem Szenario ohne Wachstum enttäuschte natürlich die Repräsentanten der Wirtschaft, für die »Nullwachstum« nur negative Folgen haben konnte. Der wahrgenommene Konflikt zwischen Natur und Industrie hinterließ den Eindruck, dass die Werte des einen Systems dem anderen geopfert werden müssten.

Aber es gibt Dinge, die wir alle wachsen sehen wollen, und Dinge, die wir nicht wachsen sehen wollen. Wir wollen, dass Bildung wächst und nicht Unwissen, wir wollen Gesundheit und nicht Krankheit, Wohlstand und nicht Verelendung, sauberes Wasser und nicht vergiftetes Wasser. Wir wollen die Lebensqualität verbessern.

Der Schlüssel liegt darin, nicht die Betriebe und Systeme kleiner zu machen, wie die Fürsprecher der Effizienz es fordern, sondern sie so zu planen und zu entwickeln, dass sie sich in einer Weise vergrößern und verbessern, die dem Rest der Welt wieder neue Stoffe und Vorräte liefert und sie nährt. Die »richtigen Dinge«, die Produzenten tun müssen, sind jene, die für diese Generation der Bewohner des Planeten wie für zukünftige zu gutem Wachstum führen – zu mehr Nischen, Gesundheit, Nahrung, Vielfalt, Intelligenz und Überfluss.

Betrachten wir doch den Kirschbaum einmal näher. Beim Wachsen strebt er nach Überfluss in der Erneuerung. Aber dieser Prozess ist nicht nur auf ein Ziel ausgerichtet. Das Wachstum des Baumes hat vielmehr eine Vielzahl positiver Effekte. Es liefert Nahrung für Säugetiere, Insekten und Mikroorganismen. Es bereichert das Ökosystem, bindet Kohlenstoff, produziert Sauerstoff, reinigt Luft und Wasser, stabilisiert den Boden und bildet neuen Humus. Zwischen seinen Wurzeln und Zweigen und auf seinen Blättern beherbergt der Baum eine vielfältige Flora und Fauna, die in lebenswichtigen Funktionen von ihm und voneinander abhängt. Und wenn der Baum schließlich stirbt, wird er wieder zu Erde und setzt beim Zerfallen Mineralien frei, die ein gesundes neues Wachstum an derselben Stelle fördern.

Der Baum ist keine isolierte Einheit, abgeschnitten von den Systemen um ihn herum: Er ist unentwirrbar und produktiv mit ihnen verbunden. Dies ist ein grundlegender Unterschied zwischen dem Wachstum heutiger industrieller Systeme und dem Wachsen in der Natur.

Oder betrachten wir eine Ameisenkolonie. Als Teil ihrer täglichen Aktivitäten

– kümmern sich Ameisen sicher und effektiv um ihren eigenen materiellen Abfall und um den anderer Tiere;

- bauen sie ihre eigene Nahrung an und ernten sie, während sie das Ökosystem, dem sie angehören, pflegen;
- bauen sie Häuser, Farmen, Müllkippen, Friedhöfe, Wohnviertel und Lagerräume aus Materialien, die wirklich wiederverwendet werden können;
- produzieren sie Desinfektionsmittel und Arzneien, die gesund, sicher und ökologisch abbaubar sind;
- erhalten sie die Bodengesundheit für den gesamten Planeten.

Als Einzelne sind wir viel größer als Ameisen, aber kollektiv haben sie eine viel größere Biomasse als wir. Ebenso wie fast kein Winkel der Erde unberührt von den Menschen ist, gibt es fast keinen Lebensraum zu Lande, von der lebensfeindlichen Wüste bis hin zur Großstadt, den sich nicht die eine oder andere Ameisenart erobert hätte.[2] Sie sind ein gutes Beispiel für eine Population, deren Dichte und Produktivität kein Problem für den Rest der Welt darstellen, weil alles, was sie produzieren und benutzen, wieder in die Von-der-Wiege-zur-Wiege-Zyklen der Natur zurückkehrt. All ihre Materialien, selbst ihre tödlichsten chemischen Waffen, sind ökologisch abbaubar; und wenn sie in den Boden zurückkehren, liefern sie Nährstoffe und ersetzen damit etwas von dem, was die Kolonie dem Boden entzogen hat. Ameisen recyceln auch den Abfall anderer Tierarten; Blattschneiderameisen zum Beispiel sammeln verrottendes Material an der Erdoberfläche, tragen es hinunter in ihre Kolonien und nutzen es zur Düngung der Pilzgärten, die sie unter der Erde zur Nahrungsproduktion angelegt haben. Bei ihren Bewegungen und Aktivitäten transportieren sie Mineralien in die oberen Erdschichten, wo sie Pflanzen und Pilzen als Nährstoffe zur Verfügung stehen. Sie wenden und belüften den Boden, schaffen Durchlässigkeit für den Abfluss des Wassers und spielen eine wichtige Rolle bei der Erhaltung der Fruchtbarkeit und

Gesundheit des Bodens. Sie sind wirklich, wie der Biologe Edward O. Wilson dargelegt hat, die kleinen »Dinger«, die die Welt am Laufen halten. Aber sie beuten diese Welt nicht aus. Wie der Kirschbaum machen sie sie vielmehr zu einem lebensfreundlicheren Ort.

Manche Menschen benutzen den Begriff *»nature's services«* (Dienstleistungen der Natur) in Bezug auf die Prozesse, durch die ohne menschliche Hilfe Wasser und Luft gereinigt werden[3]; Erosion, Überschwemmungen und Trockenheit werden gemildert; Substanzen werden entgiftet und zersetzt; Boden entsteht und seine Fruchtbarkeit wird erneuert; das ökologische Gleichgewicht und die Artenvielfalt bleiben erhalten; das Klima wird stabilisiert; und nicht zuletzt werden unsere ästhetischen und spirituellen Bedürfnisse befriedigt. Wir schätzen diese Sichtweise auf die *Dienstleistungen* nicht, denn die Natur tut all diese Dinge nicht, um den Menschen zu dienen. Es hilft jedoch, sich diese Prozesse als Teil einer dynamischen Wechselwirkung vorzustellen, in der viele verschiedene Organismen und Systeme einander in vielfältiger Weise unterstützen. Die Folgen des Wachstums – eine Zunahme von Insekten, Mikroorganismen, Vögeln, des Wasserkreislaufes und der Nährstoffströme – wirken sich positiv aus, bereichern die Lebenskraft des gesamten Ökosystems. Die Errichtung eines neuen Einkaufszentrums hingegen hat vielleicht lokal einige direkte positive Auswirkungen (Arbeitsplätze, mehr Geld im lokalen Wirtschaftskreislauf) und lässt vielleicht sogar das Bruttoinlandsprodukt insgesamt ansteigen, aber all das geht auf Kosten der allgemeinen Lebensqualität – mehr Verkehr, Asphalt, Verschmutzung und Abfall – und unterminiert letztlich sogar einige der scheinbaren Vorteile.

Im typischen Fall haben konventionelle Produktionsvorgänge vor allem negative Nebenwirkungen. Bei einer Textilfabrik etwa kommt das Wasser vielleicht sauber hinein, aber es verlässt die Fabrik kontaminiert mit Färbemitteln, die üblicherweise Giftstoffe wie Kobalt, Zirkonium, Antimon, andere Schwermetalle und Ausrüstungschemikalien enthalten. Ein Problem sind auch die festen Abfälle, Stoffschnipsel und Webreste, denn die meisten Materialien, aus denen Textilien hergestellt werden, sind Produkte der Petrochemie. Abwässer und Klärschlämme aus Produktionsprozessen können nicht sicher in Ökosystemen deponiert werden und werden daher oft als Sondermüll vergraben oder verbrannt. Der Stoff selbst wird überall auf der Welt verkauft, getragen und dann »weg«-geworfen – was üblicherweise heißt, dass er entweder verbrannt wird und dabei Giftstoffe freisetzt oder auf einer Mülldeponie landet. Und selbst in der relativ kurzen Anwendungszeit des Stoffes gelangen durch Abrieb Partikel in die Luft und in die Lungen von Menschen – all dies wohlgemerkt auch bei einer so genannten öko-effizienten Produktion.

Beinahe jeder Prozess hat Nebenwirkungen. Aber sie können gestaltet und förderlich sein statt unbeabsichtigt und schädlich. Wir könnten vor der Komplexität und Intelligenz der Natur kapitulieren, aber wir können uns auch von ihr dahingehend inspirieren lassen, einige positive Nebenwirkungen unserer eigenen Unternehmungen zu planen, statt uns nur auf ein einziges Ziel zu konzentrieren.

Öko-effektive Planer erweitern ihr Blickfeld und haben neben dem vorrangigen Zweck eines Produkts oder Systems auch das Ganze im Auge. Was sind die Ziele und die möglichen Wirkungen, sowohl direkt wie auch in größeren zeitlichen und räumlichen Zusammenhängen? Zu welchem – kulturellen, wirtschaftlichen, ökologischen – Großsystem werden dieses produzierte Ding und dieser Produktionsprozess gehören?

## Neuartige Grasdächer

Sobald man die Dinge in einem größeren Zusammenhang betrachtet, verändern die vertrautesten Züge unseres Lebensstils ihre Form. Ein ganz normales Dach ist da ein gutes Beispiel. Konventionelle Dachoberflächen gehören in der Unterhaltung zu den teuersten Teilen eines Gebäudes: Sie sind den ganzen Tag der Sonne und damit dem ultravioletten Zerfall ausgesetzt, die großen Temperaturunterschiede zwischen Tag und Nacht wirken immer wieder wie ein thermischer Schock auf das Material. In einem größeren Zusammenhang jedoch erscheinen sie als Teil einer wachsenden Landschaft versiegelter Oberflächen (zusammen mit asphaltierten Straßen, Parkplätzen, Bürgersteigen und den Gebäuden selbst), die die Überschwemmungsgefahr steigen lassen, die Städte im Sommer aufheizen (dunkle Oberflächen absorbieren Sonnenenergie und setzen sie wieder frei) und den Lebensraum vieler Tierarten zerstören.

Wenn wir diese Auswirkungen einzeln betrachten, versuchen wir das Überschwemmungsproblem vielleicht zu lösen, indem wir Regelungen für große Regenwasser-Rückhaltebecken fordern. Wir »lösen« das Hitzeproblem, indem wir zusätzliche Klimaanlagen in die Gebäude einbauen und dabei tunlichst die Tatsache ignorieren, dass diese neuen Anlagen wieder zu den höheren Umgebungstemperaturen beitragen, die sie überhaupt erst nötig gemacht haben. Und was den schrumpfenden Lebensraum angeht, da zucken wir wahrscheinlich nur mit den Schultern. Fallen die frei lebenden Tiere nicht unausweichlich dem städtischen Wachstum zum Opfer?

Wir arbeiten mit Dächern, die für ganz viele dieser Probleme – einschließlich der ökonomischen – eine Lösung bieten. Es ist eine dünne Erdschicht, ein Nährboden, mit Pflanzen bedeckt. Diese Schicht bewahrt dem Dach eine stabile Temperatur, liefert kostenlose Verdunstungskälte bei warmem Wetter und Isolierung bei Kälte und schützt es vor den zerstörerischen Sonnenstrahlen, wodurch es länger hält. Zusätzlich produziert es Sauerstoff, bindet Kohlenstoff und Partikel wie etwa Ruß und nimmt Regenwasser auf. Und das ist noch nicht alles: Es sieht bei weitem besser aus als nackter Teer und spart durch die Wasserrückhaltung Geld, das man sonst für Gebühren und Flutschäden ausgeben würde. In günstigen Lagen kann es sogar so umgebaut werden, dass es Sonnenenergie produziert.

Das klingt wie eine neue Idee, ist es aber nicht. Sie basiert auf jahrhundertealten einfachen Bautechniken. (In Island zum Beispiel wurden viele alte Bauernhäuser aus Steinen, Holz, Rasensoden und Gras für die Dächer gebaut.) Und sie wird in Europa bereits häufig angewandt, wo es schon Millionen Quadratmeter konventioneller Grasdächer gibt. Verbessert durch ausgeklügelte moderne Technik und Ingenieurskunst, ist diese Bedachungsart auf vielen Ebenen effektiv, nicht zuletzt dadurch, dass sie die Vorstellungskraft der Menschen inspiriert. Wir halfen Richard Daley, dem Bürgermeister von Chicago, einen Garten auf dem Dach des Rathauses anzulegen, und er sieht für die Zukunft eine ganze Stadt mit grünen Dächern, die sich nicht nur selbst kühlen, sondern auch Sonnenenergie produzieren und Nahrungsmittel und Blumen liefern und dazu beruhigende grüne Rückzugsgebiete von den geschäftigen Straßen der Stadt bieten, für Vögel wie für Menschen.

## Außer Kontrolle

Ein öko-effektiver Ansatz könnte zu so weitreichenden Innovationen führen, dass alles anders wird, als wir es kennen, oder er könnte uns nur zeigen, wie man bereits bestehende Systeme optimiert. Nicht die Lösung an sich ist notwendigerweise radikal, sondern der Perspektivenwechsel, mit dem wir beginnen, weg von der alten Sicht der Natur als etwas, das man kontrollieren muss, hin zu einem Miteinander.

Jahrtausendelang haben sich die Menschen bemüht, die vermeintlichen Grenzen zwischen menschlichen und natürlichen Kräften aufrechtzuerhalten; oft war dies auch lebensnotwendig. Vor allem die westliche Kultur ist von der Überzeugung geprägt, dass es das Recht und die Pflicht des Menschen sei, die Natur zu einem besseren Nutzen zu formen; wie Francis Bacon es ausdrückte: »Wenn man die Natur kennt, kann man sie vielleicht beherrschen, bändigen und in den Dienst des menschlichen Lebens stellen.«[4]

Heute können uns Menschen in den Industrieländern nur selten Naturkatastrophen wirklich gefährlich werden. Normalerweise sind wir relativ sicher vor fast allen schweren Epidemien und Klimaereignissen: Erdbeben, Hurrikane, Vulkane, Überschwemmungen, Seuchen, vielleicht ein Meteoriteneinschlag. Dennoch haben wir noch immer ein Zivilisationsmodell im Kopf, das von der Lebenserfahrung unserer Vorfahren ausgeht, die sich ihren Weg durch eine feindliche Wildnis freihackten und -pflügten. Die Natur zu zähmen und zu kontrollieren ist nicht nur der vorherrschende Trend, sondern ist sogar zu einer ästhetischen Vorliebe geworden. Die Hecken oder Ränder des modernen Rasens trennen das »Natürliche« ganz scharf vom »Kultivierten«. In einer Stadtlandschaft aus Asphalt, Beton, Stahl und Glas erscheint der Überfluss der Natur vielleicht als unordentlich, ja sogar nutzlos, als etwas, das auf ein paar sorgfältig gestaltete Gärten und Bäume beschränkt werden sollte. Wenn im Herbst die Blätter fallen, müssen sie schnell zusammengeharkt, in Plastiktüten gefüllt und deponiert oder verbrannt statt im Garten kompostiert werden. Statt eines Versuchs, die Überfülle der Natur optimal zu nutzen, versuchen wir automatisch, sie zu beseitigen. Für viele von uns, die an eine

Kultur der Kontrolle gewöhnt sind, ist die Natur in ihrem ungezähmten Zustand weder eine vertraute noch eine angenehme Umgebung.

Um diesen Punkt deutlich zu machen, erzählt Michael gern die Geschichte von den verbotenen Kirschbäumen. 1986 beschlossen einige Nachbarn in Hannover, Kirschbäume in ihren Straßen zu pflanzen. Sie dachten, dass eine solche Begrünung den Singvögeln Lebensraum bieten und den Menschen Freude machen würde. Sie würden vielleicht Blüten pflücken, Kirschen ernten oder einfach die Schönheit der Bäume bewundern. Auf den ersten Blick war es eine ganz einfache Entscheidung mit ausschließlich positiven Wirkungen. Aber den Weg aus ihrer Fantasie ins wirkliche Leben fanden die Bäume nicht so leicht. Gemäß dem in diesem Viertel geltenden Bebauungsplan wäre das Pflanzen von Kirschbäumen nicht gestattet gewesen. Was die Anwohner hübsch fanden, war in den Augen der Stadtväter ein Risiko. Die Menschen könnten auf heruntergefallenen Kirschblüten oder Kirschen ausrutschen. Obstbäume mit reifen Früchten könnten die Kinder dazu verlocken, hinaufzuklettern – ein Haftpflichtfall, wenn ein Kind dabei herunterfiele und sich verletzte. Die Kirschbäume waren einfach nicht effizient genug für den Gemeinderat: Sie sind unordentlich, kreativ, unberechenbar. Sie können nicht kontrolliert, die Folgen ihrer Anpflanzung nicht vollständig abgeschätzt werden. Das System war nicht dazu eingerichtet, mit so etwas umzugehen. Die Nachbarn machten dennoch weiter Druck, und schließlich bekamen sie eine Sondergenehmigung, die Bäume zu pflanzen.

Die verbotenen Obstbäume sind eine nützliche Metapher für eine Kultur der Kontrolle, für die – realen wie ideologischen – Barrieren, die heute zwischen Natur und menschlicher Tätigkeit stehen. Das Wegfegen, Ausschließen und Kontrollieren des in unseren Augen fehlerhaften Überflusses der Natur sind implizite Züge der modernen Lebensart, die nur selten, wenn überhaupt, hinterfragt werden. Es gilt noch immer: *Wenn brutale Gewalt nicht wirkt, dann ist sie noch nicht brutal genug.*

Wie wir aus unserer eigenen Arbeit wissen, findet ein Paradigmenwechsel oft nicht nur auf Grund von neuen Ideen, sondern von sich entwickelnden Trends und Vorlieben statt. Heute geht der Geschmack schon wieder hin zu einer größeren Vielfalt. Michael erzählte noch eine weitere Geschichte: 1982 entschied die Stadtverwaltung im schwäbischen Tuttlingen, dass der Garten seiner Eltern, voller Gemüse, Kräuter, Wildblumen und vieler anderer seltener und wunderbarer Pflanzen, zu »unordentlich«, zu »wild« sei. Sie sollten eine Strafe zahlen. Statt sich dieser Forderung, diesem damaligen schwäbischen Verständnis von Ordnung und Sauberkeit, wie Michael es nennt, zu beugen, beschlossen sie, weiterhin die Art Garten zu kultivieren, die sie liebten, und für dieses Recht eben jährlich eine Strafe zu bezahlen. Zehn Jahre später gewann eben dieser Garten einen Preis der Stadt als schönster Naturgarten, weil er Lebensraum für Singvögel bot. Was hatte sich verändert? Der allgemeine Geschmack, die vorherrschende Ästhetik. Heute ist es selbst in Tuttlingen modern, einen Garten zu haben, der »wild« aussieht.

Stellen Sie sich einmal die Auswirkungen eines solchen Paradigmenwechsels in einem größeren Maßstab vor.

## Eingeborene auf diesem Planeten werden

In der Wissenschaft wie in der Öffentlichkeit wird hin und wieder darüber geredet, andere Planeten wie etwa den Mars oder den Mond zu besiedeln. Dies liegt zumindest teilweise in der menschlichen Natur: Wir sind neugierige, forschende Geschöpfe. Die Vorstellung, ein neues, unbesiedeltes Gebiet zu zähmen, hat etwas Unwiderstehliches, beinahe Romantisches – wie schon der Mond an sich. Aber diese Vorstellung bietet scheinbar auch einen Ausweg aus der Zerstörung, einen Ausdruck unserer Hoffnung, dass wir einen Weg finden werden, uns selbst zu retten, wenn wir unseren Planeten immer unbewohnbarer machen. Auf diese Spekulation können wir nur antworten: Wenn Sie das Mars-Erlebnis haben wollen, gehen Sie nach Chile und leben Sie in einer typischen Kupfermine. Es gibt dort, so weit das Auge reicht, keine Lebewesen, die Landschaft ist menschenfeindlich, und es wäre eine unglaubliche Herausforderung. Wenn Sie eine mondähnliche Umgebung haben wollen, besuchen Sie die Nickelminen in Ontario.

Aber im Ernst: Die Menschen haben sich auf der Erde entwickelt, und wir sollten auch auf der Erde leben können. Ihre Atmosphäre, ihre Nährstoffe, ihre natürlichen Kreisläufe und unsere eigenen biologischen Systeme sind gleichzeitig und im Zusammenspiel entstanden und helfen uns hier und jetzt. Die Menschen sind von der Evolution her einfach nicht für die Lebensbedingungen auf dem Mond gerüstet. Deshalb erkennen wir zwar den großen wissenschaftlichen Wert der Erkundung des Weltalls und das aufregende Potenzial neuer Entdeckungen dort an und begrüßen die technischen Innovationen, die die Menschen dazu befähigen, »kühn zu gehen, wo niemand zuvor gegangen ist«, aber wir warnen: Wir dürfen nicht hier ein großes Chaos veranstalten und dann anderswo hingehen, wo die Lebensbedingungen bei weitem nicht so gut wären, selbst wenn wir herausbekommen, wie wir das schaffen könnten. Nutzen wir unsere Findigkeit doch lieber, um hier zu bleiben, um wieder zu Eingeborenen auf diesem Planeten zu werden.

Das heißt nicht, dass wir wieder zu einem steinzeitlichen Zustand zurückkehren wollen. Wir glauben, dass die Menschen das Beste aus Technik und Kultur verbinden können, so dass unsere von Menschenhand veränderten Gegenden einen neuen Ansatz widerspiegeln. Gebäude, Systeme, Stadtviertel und selbst ganze Städte können mit den sie umgebenden Ökosystemen so verflochten werden, dass sie sich gegenseitig unterstützen. Wir finden es auch wichtig, einige natürliche Gebiete zu bewahren, die sich allein entwickeln, ohne menschliche Einmischung oder Besiedlung. Aber wir glauben auch, dass Industrie so sicher, effektiv, bereichernd und intelligent sein kann, dass sie nicht von anderen menschlichen Aktivitäten und den anderen Lebewesen abgeschirmt sein muss. (Dies könnte das Konzept der Zonenbildung auf den Kopf stellen; wenn Produktion nicht mehr gefährlich ist, können Gewerbe- und Wohngebiete neben Fabriken stehen, mit gegenseitigem Nutzen und Gewinn.)

Der Stamm der Menominee in Wisconsin, seit mehreren Generationen auf den Holzeinschlag spezialisiert, benutzt eine Methode, die von der Natur profitiert und diese dabei wachsen lässt. Konventioneller Holzeinschlag konzentriert sich darauf, eine bestimmte Menge von Kohlehydraten (Zellulose) zur Nutzung zu produzieren. Diese Vorgehensweise ist auf einen einzigen Zweck ausgerichtet und utilitaristisch: Sie zählt nicht, wie viele Vogelarten der Wald wohl beherbergt oder wie seine Hänge stabil bleiben oder welche Erholungsmöglichkeiten – wie auch Ressourcen – er bietet und weiterhin zukünftigen Generationen bieten könnte. Die Menominee schlagen oft nur die schwächeren Bäume und lassen die starken Mutterbäume sowie genug vom Laubdach stehen, so dass Eichhörnchen und andere Baumbewohner dort weiterhin leben können. Diese Strategie ist unglaublich produktiv gewesen; der Wald konnte wachsen, während er den Stamm mit Handelsgut versorgte. 1870 zählten die Menominee 37 Millionen stehende Festmeter Holz – das, was die Holzindustrie so vielsagend als »Einschlagpotenzial« bezeichnet – in ihrem 95 000 Hektar großen Reservat. Im Laufe der Jahre haben sie 64 Millionen Festmeter eingeschlagen, und doch verfügen sie heute über 48 Millionen Festmeter – ein leichter Anstieg. Man könnte sagen, dass sie herausgefunden haben, was der Wald ihnen aus seinen Überschüssen bieten kann, statt nur darüber nachzudenken, was sie wollen. (Hier sollte man noch anmerken, dass diese besondere Form der nachhaltigen Waldnutzung nicht notwendigerweise überall sinnvoll anwendbar ist. In manchen Fällen – darunter auch bei der Aufforstung, bei der man vielleicht eine Monokultur durch ein artenreicheres System ersetzt – kann sogar Totaleinschlag auf kleine Flächen begrenzt sinnvoll sein. Wie der Forest Stewardship Council feststellt, gibt es standortabhängig viele Möglichkeiten, Artenvielfalt zu unterstützen.)

Kai Lee, Professor für Umweltwissenschaften am Williams College, erzählte eine interessante Geschichte über das Selbstverständnis eingeborener Völker. 1986 war Lee einbezogen in Pläne für die langfristige Lagerung von radioaktiven Abfällen im Hanford-Reservat, einem großen Gelände mitten im Staate Washington, wo die Regierung der Vereinigten Staaten Plutonium für Atomwaffen produziert hatte. Einen ganzen Vormittag diskutierte er mit Wissenschaftlern darüber, wie man ein solches Endlager markieren könnte, damit auch in ferner Zukunft die Menschen nicht zufällig hier nach Wasser bohren oder die Schadstoffe auf andere Weise freisetzen würden. In einer Pause traf er sich mit mehreren Angehörigen der Yakima-Indianer, zu deren traditionellem Land ein Großteil des Hanford-Reservats gehört. Sie waren wegen einer anderen Sache gekommen, die sie mit den Bundesbeamten besprechen wollten. Die Yakima waren überrascht – ja sogar amüsiert – über Lees Sorgen um die Sicherheit ihrer Nachkommen. »Macht euch keine Sorgen«, beruhigten sie ihn. »Wir werden ihnen sagen, wo der Abfall liegt.« Wie Lee uns darlegte: »Ihre Wahrnehmung von sich selbst und ihrem Land war nicht historisch wie meine, sondern ewig. Dies würde immer ihr Land sein. Sie würden andere davor warnen, mit den Abfällen in Kontakt zu kommen, die dort von der Abbauindustrie hinterlassen würden.«

Auch wir verlassen diesen Planeten nicht, und wir werden allmählich zu Eingeborenen werden, wenn wir diese Tatsache anerkennen.

## Die neue Designaufgabe

Ein alter Witz über Effizienz: Ein Olivenölverkäufer kommt vom Marktplatz zurück und beklagt sich bei einem Freund: »Ich kann kein Geld mit dem Olivenöl verdienen! Wenn ich den Esel füttere, der mein Öl zum Markt trägt, ist schon der Großteil meines Gewinns dahin.« Sein Freund schlägt vor, er solle dem Esel ein bisschen weniger Futter geben. Sechs Wochen später treffen sie sich wieder auf dem Marktplatz. Der Ölverkäufer sieht schlecht aus, ohne Geld und ohne Esel. Als sein Freund ihn fragt, was geschehen sei, antwortet er: »Also, ich habe es so gemacht, wie du gesagt hast. Ich habe den Esel ein bisschen weniger gefüttert, und es ging mir wirklich gut. Also fütterte ich ihn noch ein bisschen weniger, und es ging mir noch besser. Aber als ich gerade wirklich erfolgreich zu werden begann, starb er einfach!«

Ist es unser Ziel, uns zu Tode zu hungern? Uns unserer eigenen Kultur, unserer eigenen Arbeit, unserer eigenen Anwesenheit auf dem Planeten zu berauben, auf das absolute Nichts hinzuarbeiten? Wie inspirierend ist ein solches Ziel? Wäre es nicht großartig, wenn wir, statt die menschliche Aktivität zu beklagen, Grund hätten, sie zu schätzen? Wenn Umweltschützer wie Autoproduzenten gleichermaßen begeistert wären, wenn jemand sein altes Auto gegen ein neues austauscht, weil neue Autos die Luft reinigten und Trinkwasser produzierten, statt nur etwas weniger schädlich zu sein? Wenn neue Gebäude Bäume imitieren, Schatten, Lebensraum für Singvögel, Nahrung, Energie und sauberes Wasser spenden würden? Wenn jede neue Errungenschaft einer Gemeinde den ökologischen und kulturellen Reichtum ebenso fördern würde wie den wirtschaftlichen? Wenn moderne Gesellschaften als gewaltige wachsende Aktivposten und Gewinne wahrgenommen werden könnten, statt den Planeten an den Rand der Katastrophe zu führen?

Wir würden gern ein neues Design vorschlagen. Warum machen sich Menschen und Unternehmen nicht daran, das Folgende zu schaffen, statt an den bestehenden destruktiven Rahmenbedingungen herumzufeilen:

- Gebäude, die wie Bäume mehr Energie produzieren, als sie verbrauchen, und ihr eigenes Abwasser reinigen;
- Fabriken, die Abwässer mit Trinkwasserqualität freisetzen;
- Produkte, die nach Ende ihrer nützlichen Verwendung nicht nutzloser Abfall werden, sondern einfach am Boden verrotten und Nahrung für Pflanzen und Tiere und Nährstoffe für den Boden liefern oder die wieder in den industriellen Kreislauf eingebracht werden und hochwertige Rohstoffe für neue Produkte liefern;
- technische Nährstoffe im Wert von vielen Milliarden, ja sogar Billionen Dollar pro Jahr für die Belange der Menschen und der Natur;
- Transportmittel, die die Lebensqualität erhöhen, während sie Güter und Dienstleistungen liefern;
- eine Welt des Überflusses, nicht eine der Begrenzungen, der Verschmutzung und des Abfalls.

# 4. Abfall ist Nahrung

Die Natur funktioniert nach einem System von Nährstoffen und Metabolismen, in dem kein Abfall vorkommt. Ein Kirschbaum produziert viele Blüten und Früchte, damit (vielleicht) ein neuer Baum keimen und wachsen kann. Aus diesem Grund blüht der Baum. Aber der Überfluss an Blüten ist keineswegs wertlos. Die Blüten fallen zu Boden, zersetzen sich, ernähren zahlreiche Organismen und Mikroorganismen und verbessern die Bodenbeschaffenheit. Überall auf der Welt atmen Tiere und Menschen Kohlendioxid aus, das die Pflanzen aufnehmen und für ihr Wachstum nutzen. Stickstoff aus den Abfällen wird von Mikroorganismen, Tieren und Pflanzen in Protein umgewandelt. Pferde fressen Gras und produzieren Dung, der den Fliegenlarven Nester und Nahrung zugleich bietet. Die wichtigsten Nährstoffe der Erde – Kohlenstoff, Wasserstoff, Sauerstoff, Stickstoff – durchlaufen einen Kreislauf und werden immer wieder verwendet. Abfall ist so wieder Nahrung.

Dieses zyklische biologische System, *von der Wiege zur Wiege*, lässt seit Jahrmillionen einen Planeten mit einer prächtigen Vielfalt gedeihen. Bis in die jüngste Vergangenheit der Erdgeschichte gab es nur dieses eine System, und jedes Lebewesen des Planeten war ein Teil davon. Wachstum war gut. Wachstum hieß mehr Bäume, mehr Arten, eine größere Vielfalt und komplexere, widerstandsfähigere Ökosysteme. Mit dem Aufkommen der Industrie hat sich das natürliche Gleichgewicht der Materialien auf dem Planeten verschoben. Der Mensch nimmt sich Substanzen von der Erdoberfläche oder aus der Erdkruste und bereitet sie auf, ändert und synthetisiert sie zu riesigen Mengen von Material, das dem Boden nicht wieder gefahrlos zugeführt werden kann. Heute kann man die auf der Erde vorhandenen Materialströme zwei Kategorien zuordnen: Biomasse und technische Masse – Letztere gleichbedeutend mit Industriemasse.

Von unserem Blickwinkel aus betrachtet, handelt es sich bei diesen beiden Materialströmen einfach um *biologische* und *technische Nährstoffe*. Biologische Nährstoffe sind wertvoll für die Biosphäre, während technische Nährstoffe wertvoll für das sind, was wir *Technosphäre* nennen, die Systeme industrieller Prozesse. Doch irgendwie haben wir eine industrielle Infrastruktur entstehen lassen, die keiner dieser beiden Arten von Nährstoffen Beachtung schenkt.

## Aus *von der Wiege zur Wiege* wurde *von der Wiege bis zur Bahre*: unsere Menschheitsgeschichte als Nährstoffgeschichte

Vor der Entstehung von Ackerbaukulturen zogen Nomadenvölker auf der Suche nach Nahrung von Weideort zu Weideort. Sie konnten nur wenig Gepäck mitnehmen, daher besaßen sie nicht viel – einige Schmuckstücke und Werkzeug, Säcke und Kleidung aus Tierhäuten, Körbe für Wurzeln und Samen. Wenn man diese Dinge, die aus vor Ort gefundenen Materialien hergestellt wurden, nicht mehr brauchte, zersetzten sie sich und wurden von der Natur »konsumiert«. Die langlebigeren Objekte wie Waffen aus Stein oder Feuerstein konnten weggeworfen werden. Fäkalien stellten kein Problem dar, da die Nomaden immer wieder weiterzogen. Sie konnten ihre biologischen Abfälle zurücklassen, damit diese den Boden wieder erneuerten. Für diese Menschen war mehr »weg« an Nährstoffen tatsächlich ein »weg«.

Frühe Ackerbaugemeinschaften lebten davon, dem Boden biologische Abfälle zuzuführen und damit die entzogenen Nährstoffe zu ersetzen. Die Bauern sorgten für Fruchtwechsel und ließen die Felder brachliegen, bis der Boden wieder fruchtbar war. Mit der Zeit beschleunigten neue Werkzeuge und Techniken die Nahrungsmittelproduktion. Die Bevölkerungszahlen stiegen, und viele Gemeinschaften verbrauchten mehr Ressourcen und Nährstoffe, als die Natur ausgleichen konnte. Als mehr Menschen auf engerem Raum lebten, kulturelle Aktivitäten sich ausweiteten und man öffentliche Plätze benötigte, wurde auch die Hygiene zum Problem, und die Gesellschaften fanden Methoden, um ihre Abfälle loszuwerden. Gleichzeitig entzogen sie dem Boden immer mehr Nährstoffe und verbrauchten immer mehr natürliche Ressourcen (wie zum Beispiel Bäume), ohne sie in gleichem Maße zu ersetzen.

Ein altes römisches Sprichwort lautet: *Pecunia non olet* – »Geld stinkt nicht«. Im Römischen Reich schafften Sklaven die Abfälle von öffentlichen Plätzen und aus den Toiletten der Reichen fort und häuften sie vor den Toren der Stadt auf. Der Ackerbau und das Fällen von Bäumen entzogen dem Boden Nährstoffe und führten zur Erosion. Der Erdboden wurde trockener und dürrer und es gab weniger fruchtbares Land. Möglicherweise war der Imperialismus Roms[1] – und der Imperialismus im Allgemeinen – eine Folge des Verlusts von Nährstoffen, der dazu führte, dass das Römische Reich expandierte, um seinen großen Bedarf an Holz, Lebensmitteln und weiteren Rohstoffen aus anderen Regionen zu decken. (Bezeichnenderweise wurde Roms Vegetationsgott Mars, als die Ressourcen schwanden und die Eroberungen sich mehrten, zum Kriegsgott.)

In *Nature's Metropolis* beschreibt William Cronon ein ähnliches Verhältnis zwischen einer Stadt und ihrer natürlichen

Umgebung. Cronon zeigt auf, dass die große landwirtschaftliche Region um Chicago, der »Brotkorb« Amerikas, tatsächlich mit der Zeit so strukturiert wurde, dass sie die Stadt versorgen konnte. Die Besiedlung der Chicago umgebenden »Frontier« geschah nicht unabhängig von der Stadt, sondern war untrennbar mit ihr verbunden und wurde von ihrem Bedarf angetrieben. »Im 19. Jahrhundert stehen die Großstadt und ihre expandierende Wirtschaft, die immer ausgeklügeltere und engere Verbindungen zwischen Stadt und Land schafft, im Zentrum der Geschichte des Westens«, schreibt Cronon. Daher muss die Geschichte einer Stadt »auch die Geschichte ihrer Menschen und der natürlichen Umwelt sein, in der Stadt und Land gelegen sind«.[2]

Während die Städte größer wurden und sich ausdehnten, beraubten sie, sobald das Land geplündert und die Rohstoffe aufgebraucht waren, immer weiter entfernte Regionen ihrer Materialien und Ressourcen. Als zum Beispiel Minnesotas Wälder verschwunden waren, zog man zum Holzfällen weiter nach British Columbia. (Solche Expansionen schadeten der Urbevölkerung. Der Stamm der Mandans zum Beispiel, der am oberen Missouri lebte, wurde als Ergebnis einer Kette von Ereignissen im Zusammenhang mit dem Bau von Heimstätten für Siedler schließlich von Pockenviren dahingerafft.)

Mit der Zeit bauten die Städte überall auf der Welt die notwendige Infrastruktur auf, um Nährstoffe von Ort zu Ort zu transportieren. Zwischen den Völkern brachen Kämpfe um Ressourcen, Land und Nahrung aus.

Im 19. und frühen 20. Jahrhundert wurden synthetische Düngemittel entwickelt, die die Grundlage für eine immer intensivere Bodenbewirtschaftung bildeten. Die Böden sind nun ertragreicher, als sie es zuvor waren, allerdings mit schwerwiegenden Folgen: Sie erodieren in nie dagewesenem Ausmaß und der nährstoffreiche Humus wird abgetragen. Nur noch wenige kleine landwirtschaftliche Betriebe düngen mit den auf ihrem Land entstandenen biologischen Abfällen, der naheliegendsten Nährstoffquelle, und in der heutigen Agrarindustrie kommt diese Art der Düngung so gut wie gar nicht mehr vor.

Bestimmte traditionelle Kulturkreise haben jedoch sehr wohl den Wert des Nährstoffstroms verstanden. In Ägypten[3] trat jahrtausendelang der Nil über die Ufer und hinterließ, wenn das Wasser sich zurückzog, eine wertvolle Schlickschicht in den Tälern. Schon seit ca. 3200 v. Chr. hatten die Bauern ein System von Gräben angelegt, das das nährstoffreiche Wasser des Nils auf ihre Felder leitete. Sie fanden auch Wege, Nahrungsmittelüberschüsse für Dürreperioden zu lagern. Über Jahrhunderte maximierten die Ägypter den Zufluss von Nährstoffen, ohne Raubbau zu treiben. Als britische und französische Ingenieure im 19. Jahrhundert ins Land kamen, übernahm man in der ägyptischen Landwirtschaft allmählich westliche Methoden. Seit der Fertigstellung des Assuan-Staudamms 1971 sammelt sich der Schlick, der jahrhundertelang für die Fruchtbarkeit der Böden gesorgt hatte, hinter dem Betondamm an. Darüber hinaus bauen die Menschen Häuser auf ehemals fruchtbarem, für den Landbau geeignetem Grund. Häuser und Straßen konkurrieren inzwischen mit der Landwirtschaft um Raum. Ägypten produziert weniger als 50 Prozent seiner eigenen Nahrungsmittel und ist von Importen aus Europa und den Vereinigten Staaten abhängig.

Über Jahrtausende haben Menschen in China ein System perfektioniert[4], das verhindert, dass Krankheitserreger in die Nahrungskette geraten, und ihre Reisfelder mit biologischen Abfällen, darunter auch Abwässern, gedüngt. In manchen ländlichen Haushalten erwartet man noch heute von Gästen, die zum Essen geladen sind, dass sie die Nährstoffe »zurückgeben«, bevor sie sich wieder verabschieden, und es ist gängige Praxis, dass andere Dorfbewohner ihre Fäkalien den Bauern gegen Bezahlung liefern. Aber auch die Chinesen sind inzwischen zu westlichen Systemen übergegangen. Und wie die Ägypter werden sie immer abhängiger von Lebensmittelimporten.

Der Mensch ist die einzige Spezies, die dem Boden große Mengen an Nährstoffen entzieht, die für biologische Prozesse gebraucht werden, sie aber nur selten in brauchbarer Form zurückführt. Unsere Systeme sind nicht mehr dazu gedacht, Nährstoffe zurückzugeben, es sei denn in kleinem, lokalem Maßstab. Erntemethoden wie Kahlschläge bei der Rodung von Bäumen beschleunigen die Bodenerosion, chemische Prozesse führen häufig zu Versalzung und Übersäuerung und tragen zu einer Erschöpfung des Erdreichs bei, die sich zwanzigmal so schnell vollzieht, wie die Natur zur Bildung neuer Nährstoffe benötigt. Es kann annähernd fünfhundert Jahre dauern, bis der Boden zwei Zentimeter seiner reichhaltigen Schichten von Mikroorganismen und Nährstoffströmen geschaffen hat, und zurzeit verlieren wir fünftausendmal mehr Boden, als pro Zeiteinheit gebildet wird.

In vorindustriellen Kulturen »verbrauchten« die Menschen die Dinge. Die meisten Produkte wurden einfach biologisch abgebaut, nachdem man sie weggeworfen, untergegraben oder verbrannt hatte. Metalle bildeten die Ausnahme: Sie wurden als außerordentlich wertvoll angesehen, eingeschmolzen oder erneut verwendet. (Eigentlich waren sie genau das, was wir als frühe technische Nährstoffe bezeichnen würden.) Diese Art des Verbrauchs hatte allerdings mit dem Fortschritt der Industrialisierung weiterhin Bestand, wenn auch die meisten Fabrikwaren nicht mehr im ursprünglichen Sinne konsumiert werden konnten. In Zeiten der Knappheit erfahren die technischen Materialien erneute Wertschätzung. Menschen, die zum Beispiel während der Weltwirtschaftskrise aufwuchsen, waren es gewohnt, Gläser, Krüge und Alufolie wiederzuverwenden, und während des Zweiten Weltkriegs sammelten die Menschen Gummibänder, Alufolie, Stahl und andere Materialien, um sie der Industrie zu liefern. Als jedoch billigere Materialien und neue Kunststoffe den Nachkriegsmarkt überschwemmten, war es für die Industrie kostengünstiger, neue Aluminium-, Plastik- oder Glasflaschen oder Verpackungsmaterial in zentralen Fabriken herzustellen und einzusetzen, als eine lokale Infrastruktur für das Sammeln, den Transport, die Säuberung und die Verarbeitung des Materials zur Wiederverwertung aufzubauen. In den ersten Jahrzehnten der Industrialisierung war es auch üblich, alte Gebrauchsgüter wie Öfen, Kühlschränke und Telefone weiterzugeben, zu reparieren oder an Altwarenhändler zu verkaufen. Heutzutage werden die meisten so genannten langlebigen Güter einfach weggeworfen. (Wer würde heute noch einen Toaster reparieren? Es ist viel bequemer, einen neuen zu kaufen, als den alten zum Hersteller zu schicken oder am Heimatort einen Händler zu finden, der es repariert.) Wegwerfprodukte sind die Norm geworden.

Zurzeit haben Sie zum Beispiel keine Möglichkeit, ein Auto vollständig zu verwerten. Und obwohl es aus vielen wertvollen technischen Materialien hergestellt ist, können Sie nichts mit ihnen anfangen, wenn das Auto seinen Dienst geleistet hat (es sei denn, Sie sind Schrotthändler). Wie schon erwähnt, sind diese Materialien für den weiteren Nutzen verloren oder verlieren sogar dann an Wert, wenn sie »recycelt« werden, da Autos nicht von vornherein so konstruiert werden, dass man sie effektiv und optimal als technische Nährstoffe wiederverwerten kann. Tatsächlich entwirft die Industrie Produkte mit programmiertem Verschleiß – das heißt, dass sie ungefähr so lange halten, bis der Verbraucher sie hoffentlich endlich durch neue ersetzt. Selbst Produkte, die tatsächlich »verbraucht« sind, wie zum Beispiel Verpackungsmaterial, werden häufig bewusst so konstruiert, dass sie sich unter natürlichen Bedingungen nicht auflösen. Im Gegenteil: Das Verpackungsmaterial hält häufig länger als das Produkt, das es schützte. In Gegenden, in denen Rohstoffe nur schwer zu bekommen sind, verwendet man Materialien noch kreativ, um (indem man etwa aus alten Reifen Sandalen herstellt) neue Produkte und (indem man synthetisches Material als Brennstoff verwendet) sogar Energie zu erzeugen. Eine solche Kreativität kann für Materialkreisläufe entscheidend sein. Doch solange bei der Produktion und beim aktuellen Industriedesign die Zukunft des Produkts nicht mitkonzipiert ist, wird die Wiederverwendung oft gefährlich, wenn nicht gar tödlich sein.

## Monsterhybride

Berge von Abfall, die sich auf den Müllkippen türmen, geben zunehmend Anlass zur Sorge, aber nicht die Menge des Mülls – der Platz, den er einnimmt – ist das Hauptproblem des Designprinzips *von der Wiege bis zur Bahre.* Entscheidender sind die Nährstoffe – wertvolle »Nahrung« für Industrie und Natur zugleich –, die verseucht und verschwendet werden oder ganz verloren gehen. Und Letzteres nicht nur aus Mangel an geeigneten Systemen zur Rückgewinnung; sie gehen auch verloren, weil viele Produkte das sind, was wir im Scherz als »Frankenstein-Produkte« oder als »Monsterhybriden« bezeichnen – Mischungen aus technischen und biologischen Materialien, die, wenn sie ausgedient haben, nicht mehr zurückgewonnen werden können.

Ein konventioneller Lederschuh ist eine Monsterhybride. Einst gerbte man Schuhe mit aus Pflanzen gewonnenen Chemikalien, die vergleichsweise ungefährlich waren, so dass die Abfallprodukte des Gerbens kaum ein Problem darstellten. Der Schuh konnte, nachdem er seinen Dienst getan hatte, biologisch abgebaut oder verbrannt werden. Doch für die pflanzliche Gerbung mussten Bäume wegen ihrer Gerbstoffe, den Tanninen, gefällt werden. Aus diesem Grund erforderte die Schuhfertigung erhebliche Zeit und war somit teuer. In den letzten vierzig Jahren ist man jedoch zur Gerbung mit Chromsalz übergegangen, einem schnelleren und preisgünstigeren Verfahren. Aber Chrom ist ein knappes Gut und für die Industrie wertvoll, und in einigen Formen ist es kanzerogen. Heute werden Schuhe oft in Entwicklungsländern gegerbt, wo man sich kaum darum kümmert, Arbeiter und Ökosysteme vor der Chrombelastung zu schützen. Abfälle, die bei der Produktion entstehen, werden in nahe gelegene Gewässer eingeleitet oder verbrannt, wobei in beiden Fällen Toxine verbreitet werden (in ärmeren Regionen oft in unverhältnismäßig hohem Maße). Konventionelle Schuhsohlen enthalten darüber hinaus Blei und schädliche Polymere. Beim Tragen des Schuhs wird der Abrieb in die Atmosphäre und in den Boden abgegeben. Es gibt keinen sicheren Weg, Schuhe zu »konsumieren«, weder für Sie noch für die Umwelt. Nach dem Gebrauch landen die wertvollen Bestandteile, biologische wie technische, gewöhnlich auf der Müllkippe.

## Vermischung von Kreisläufen

Es gibt kaum ein anschaulicheres Beispiel für widerwärtigen Müll als Abwässer. Das ist die Art von Abfall, den die Menschen sich gerne aus den Augen schaffen. Bevor es die moderne Kanalisation gab, warfen die Städter ihre Abfälle nach draußen, verbuddelten sie, ließen sie in Jauchegruben unter den Häusern versickern oder warfen sie ins Wasser, oftmals oberhalb von Trinkwasserstellen. Erst im späten 19. Jahrhundert erkannte man den Zusammenhang zwischen Hygiene und Volksgesundheit, was den Anstoß zu einer ausgeklügelteren Abwasserreinigung gab. Ingenieure beobachteten, wie bei Unwettern den Flüssen Schlammmassen durch Rohrleitungen mit weggeschwemmt wurden, und erkannten darin einen praktischen Weg, im Wasser befindliche Abfälle durch die Erhöhung der Wassermenge zu beseitigen. Aber damit war das Problem noch nicht erledigt. Zuweilen wurde die Einleitung von Fäkalien in die Flüsse für die Städter unerträglich; während des »Great Stink« in London[5] im Jahre 1858 musste zum Beispiel wegen des Gestanks von der nahen Themse sogar die Arbeit des Parlaments unterbrochen werden. Schließlich baute man zur Reinigung der Abwässer Kläranlagen, deren Kapazität ausreichte, auch während starker Niederschläge die verdünnten Abwässer aufzunehmen.

Die ursprüngliche Absicht bestand darin, Abwässer mit biologisch aktivem Abfall – im Allgemeinen menschlichen Urin und Exkremente, also die Art Abfall, die seit Millionen von Jahren in den natürlichen Kreislauf aufgenommen worden war – ungefährlich zu machen. Abwasserreinigung als ein mikrobieller und bakterieller Verdauungsprozess. Die festen Bestandteile wurden als Klärschlamm entsorgt, und die restliche Flüssigkeit, die die Abfälle zur Behandlung transportiert hatte, konnte im Prinzip wieder als Wasser verwendet werden. So war der Grundgedanke. Wenn die Abfallmenge vom Gewässer, in das sie floss, nicht mehr bewältigt wurde, setzte man zur Reinigung bei der Trinkwassergewinnung Chlor hinzu. Gleichzeitig wurden neue Haushaltsprodukte auf den Markt gebracht, bei deren Design man die Kläranlagen (oder Wasser-Ökosysteme) unberücksichtigt gelassen hatte. Neben biologischen Abfällen schütteten die Menschen nun alles Mögliche in den Abfluss: Farben, aggressive Rohrfrei-Chemikalien, Bleichmittel, Farbverdünner und Nagellackentferner. Und die Ausscheidungen selbst enthalten nun Antibiotika und sogar Hormone von Antibabypillen. Wenn sich noch die verschiedenen Industrieabfälle, Reinigungsmittel, Chemikalien und andere Substanzen zum Hausmüll dazugesellen, hat man ein höchst komplexes Gemisch chemischer und biologischer Substanzen, die alle noch unter der Bezeichnung »Abwasser« laufen. Antimikrobielle Produkte – zum Beispiel viele Seifen, die für den Gebrauch im Badezimmer auf den Markt gebracht werden – mögen verlockend sein, stellen aber einen problematischen Stoff in einem Kreislauf dar, der für sein Funktionieren auf Mikroben angewiesen ist. Kombiniert man derartige Substanzen mit Antibiotika und anderen antibakteriellen Additiven, setzt man möglicherweise ein Programm in Gang, das hyperresistente Superbakterien hervorbringt.

Neuere Studien haben Hormone, Substanzen, die das Hormonsystem stören, und andere gefährliche Bestandteile mehrfach in Gewässern nachgewiesen, in die »behandelte« Abwässer eingeleitet werden. Diese Substanzen können natürliche Kreisläufe sowie Trinkwasservorräte kontaminieren und, wie schon festgestellt wurde, zu Mutationen in aquatischen Systemen, besonders bei Tieren, führen. Auch sind die Kanalisationsrohre nicht für biologische Systeme gedacht. Sie bestehen aus schädlichen Materialien und haben Beschichtungen, die die Abwässer kontaminieren oder deren Qualität herabsetzen. Aus diesem Grund sind sinnvolle Strategien, Klärschlamm als Düngemittel zu verwenden, an den Befürchtungen der Ernährungsindustrie gescheitert, die Ackerkrume könnte vergiftet werden.

Wenn wir Systeme entwerfen, die Abwässer in die Umwelt zurückführen, dann sollten wir uns vielleicht vom Flussoberlauf ausgehend überlegen, welche Substanzen innerhalb dieser Systeme als Teil der Nährstoffströme fließen sollten. So wird zum Beispiel Phosphat weltweit als Düngemittel in der Landwirtschaft verwendet. Typische Dünger enthalten jedoch Phosphate, die im Bergbau mit großen Kadmium- und Uranbeimengungen gewonnen werden und deren Abbau extrem umweltschädigend ist. Aber Phosphate kommen ebenfalls in Klärschlamm und anderen organischen Abfällen vor. Tatsächlich ist Phosphat in europäischem Klärschlamm, der dort häufig auf Deponien gelagert wird, in höherem Maß konzentriert als in manchem Phosphatgestein in China, wo große Phosphatmengen mit verheerenden Folgen für die lokalen Ökosysteme abgebaut werden. Wie wäre es aber, wenn wir das Phosphat aus dem Kreislauf auffangen könnten, statt es als Schlamm auf der Deponie abzulegen?

## Aus *von der Wiege bis zur Bahre* wird *von der Wiege zur Wiege*

Produktentwickler, Umweltschutzfachleute und Menschen, die in der Industrie und in angrenzenden Berufsfeldern tätig sind, sprechen häufig vom »Lebenszyklus« eines Produkts. Natürlich besitzen nur wenige Produkte ein Leben, aber in gewissem Sinne projizieren wir unsere Lebendigkeit – und unsere Sterblichkeit – in sie hinein. Wir sehen sie gleichsam als Familienmitglieder. In westlichen Gesellschaften ruhen die Toten in Gräbern, die Produkte ebenfalls. Wir betrachten uns selbstverliebt als mächtige, einzigartige Wesen und wir kaufen gerne nagelneue, aus »jungfräulichem« Material gefertigte Dinge. Öffnet man ein neues Produkt, ist das so etwas wie eine symbolische Defloration (so wie man jemanden »aufreißt«: »Dieses jungfräuliche Produkt ist meins, ich bin der Erste. Wenn ich (ich, der ich so besonders, so einzigartig bin) es benutzt habe, hat es für andere keinen Wert mehr.« Es ist »Geschichte« (wie man in den USA sagt). Die Industrie konzipiert und plant entsprechend dieser Vorstellung.

Wir erkennen und verstehen den Wert des Gefühls, etwas Besonderes, ja sogar Einzigartiges sein zu wollen. Aber bei Materialien ist es sinnvoll, die Gleichartigkeit und die Gemeinsamkeit wertzuschätzen, die es uns erlauben – gerade wenn sie einzigartige Produkte sind –, sie mehr als einmal zu benutzen. Was wäre geschehen, fragen wir uns manchmal, wenn die industrielle Revolution in Gesellschaften stattgefunden hätte, in denen die Gemeinschaft höher geschätzt wurde als das Individuum und in denen die Menschen nicht an einen Lebenszyklus von der Wiege bis zur Bahre geglaubt hätten, sondern an Reinkarnation?

## Eine Welt mit zwei Metabolismen

Der alles umspannende »Design«-Rahmen, innerhalb dessen wir leben, hat zwei Grundelemente: Masse (die Erde) und Energie (die Sonne). Praktisch nichts gelangt in dieses Planetensystem hinein oder aus diesem heraus außer Hitze und gelegentliche Meteoriten. Ansonsten ist das System geschlossen, und seine Grundelemente sind wertvoll und endlich. Wir haben allein das, was die Natur uns gibt. Was immer der Mensch herstellt, es geht nicht »weg«.

Wenn innerhalb unserer Systeme die biologische Masse der Erde kontaminiert wird und weiterhin technische Materialien (wie Metalle) weggeworfen oder unbrauchbar gemacht werden, leben wir in der Tat in einer begrenzten Welt, in der die Produktion und der Konsum eingeschränkt sind und die Erde buchstäblich zum Grab wird.

Wenn es uns wirklich gut gehen soll, müssen wir lernen, das hoch effektive *Wiege-zu-Wiege*-System der Natur mit seinen Nährstoffströmen und Metabolismen zu imitieren, ein System, in dem »Abfall« überhaupt nicht vorkommt. *Die Vorstellung, Abfall als Designprinzip abzulegen, bedeutet, Dinge – Produkte, Verpackungen und Systeme – von vornherein unter der Voraussetzung zu konzipieren, dass Abfall überhaupt nicht vorkommt.* Das heißt, dass die in den Materialien enthaltenen wertvollen Nährstoffe das Design festlegen: Die Evolution, nicht allein die Funktion bestimmt die Form. Wir halten dies für sinnvoller als die herkömmliche Methode, Produkte herzustellen.

Wie bereits vorgestellt, gibt es zwei unterschiedliche Metabolismen auf unserem Planeten. Der erste ist der biologische Metabolismus oder die Biosphäre – die Kreisläufe der Natur. Der zweite ist der technische Metabolismus oder die Technosphäre – die Kreisläufe der Industrie, zu denen auch der Abbau mancher technischer Materialien in der Natur zählt. Mit dem richtigen Design werden alle von der Industrie hergestellten Produkte und Materialien diesen zwei Metabolismen zugeführt, um Nahrung für etwas Neues zu liefern.

Produkte können entweder aus Materialien bestehen, die biologisch bzw. physikalisch abbaubar sind und so zu Nahrung für *biologische Kreisläufe* werden, oder aus technischen Materialien, die in geschlossenen *technischen Kreisläufen* bleiben, in denen sie fortwährend als wertvolle Nährstoffe für die Industrie kreisen. Damit diese beiden Metabolismen intakt, produktiv und nutzbringend bleiben, muss die Kontamination des einen durch den anderen unbedingt vermieden werden. Dinge, die in den organischen Stoffwechsel gelangen, dürfen keine Mutagene, Karzinogene, Toxine oder anderen Substanzen enthalten, die sich in natürlichen Systemen anreichern und diese schädigen. (Verschiedene Materialien, die dem biologischen Metabolismus abträglich sind, könnten jedoch ohne weiteres vom technischen Metabolismus aufgenommen werden.) Umgekehrt sollten biologische Nährstoffe nicht in den technischen Stoffwechsel geraten, weil sie damit nicht nur der Biosphäre verloren gehen, sondern auch die Qualität des technischen Materials vermindern oder dessen Wiedergewinnung und -verwertung komplizierter gestalten.

## Der biologische Metabolismus

Ein *biologischer Nährstoff* ist ein Material oder Produkt, das dazu bestimmt ist, in den biologischen Kreislauf zurückzukehren – es wird buchstäblich von Mikroorganismen im Boden und von anderen Tieren aufgefressen. Das meiste Verpackungsmaterial[6], das nicht wirklich recycelt wird, kann als biologischer Nährstoff konstruiert werden, womit wir dann von *Produkten zum Konsum* sprechen. Die Idee ist die, solche Produkte aus Materialien herzustellen, die sich, wenn man sie nach dem Gebrauch auf den Boden wirft oder auf einem Komposthaufen lagert, ohne weiteres biologisch abbauen lassen – das heißt sprichwörtlich konsumiert werden können. Weshalb sollten Shampooflaschen, Zahnpastatuben, Joghurt- und Eisbehälter, Fruchtsaftkartons und andere Verpackungen ihren Inhalt um Jahrzehnte (wenn nicht gar Jahrhunderte) überdauern? Warum mutet man es dem Einzelnen oder den Gemeinden zu, dieses Material downzucyceln oder es auf Deponien zu lagern? Umweltfreundliches Verpackungsmaterial könnte gefahrlos zerfallen oder gesammelt und als Dünger verwendet werden, um dem Boden auf diese Weise die Nährstoffe wieder zuzuführen. Schuhsohlen könnten sich auflösen und die Umwelt bereichern. Seifen und andere flüssige Reinigungsmittel könnten ebenfalls als biologische Nährstoffe konzipiert werden. Wenn sie in dieser Form durch den Abfluss gespült werden, durch Feuchtgebiete fließen und in einem See oder Fluss landen, unterstützen sie das Gleichgewicht des Ökosystems.

Anfang der neunziger Jahre des 20. Jahrhunderts bat uns die Firma DesignTex, ein Steelcase angegliedertes Unternehmen, in Zusammenarbeit mit der Schweizer Textilfabrik Röhner, ein kompostierbares Polstermaterial zu konzipieren und zu entwickeln. Man beauftragte uns, unser besonderes Augenmerk auf die Entwicklung eines in ästhetischer Hinsicht einzigartigen Stoffs zu richten, der zugleich umweltverträglich sein sollte. Die Firma schlug zunächst vor, dabei eine Kombination von Baumwolle mit PET (Polyethylenterephthalat)-Fasern von Getränkeflaschen in Betracht zu ziehen. Was könnte besser sein, so dachten sie, als ein Produkt, das »natürliches« Material mit »recyceltem« in sich vereine? Solch ein Hybridmaterial hätte die zusätzlichen, augenfälligen Vorteile, dass es schon vorhanden, auf dem Markt getestet, haltbar und billig wäre.

Als wir uns jedoch mit der potenziell langfristigen Hinterlassenschaft dieses Designs auseinander setzten, stießen wir auf einige beunruhigende Fakten. Zunächst einmal reibt sich Polstermaterial, wie schon erwähnt, beim normalen Gebrauch ab, daher musste unser Design die Möglichkeit berücksichtigen, dass Partikel eingeatmet oder geschluckt werden könnten. PET ist mit synthetischen Färbemitteln und Chemikalien überzogen und enthält andere fragwürdige Substanzen – nicht gerade das, was man einatmen oder essen möchte. Zum anderen könnte der Bezugsstoff nach seiner nützlichen Anwendung weder als technischer noch als biologischer Nährstoff wiederverwendet werden. Das PET (von den Kunststoffflaschen) könnte man nicht bedenkenlos in den Boden geben und die Baumwolle könnte wiederum nicht in industriellen Kreisläufen verwertet werden. Die Verbindung wäre wieder nur eine weitere Monsterhybride, mit der mehr Müll auf der Deponie landet, der darüber hinaus auch noch gefährlich sein könnte. Es lohnte sich nicht, dieses Produkt herzustellen.

Wir legten unserem Kunden unsere Absicht dar, ein Produkt

zu entwickeln, das entweder in den biologischen oder den technischen Metabolismus passte, eine Idee, die für beide Seiten zur Herausforderung wurde. Das Team entschied, ein Produkt zu konzipieren, das man gefahrlos »essen« könnte: Es wäre nicht gesundheitsschädlich, wenn man es einatmen würde, und es würde natürlichen Systemen keinen Schaden zufügen, nachdem man es weggeworfen hätte. Im Gegenteil, als biologischer Nährstoff würde es Nahrung für die Natur sein.

Die Textilfabrik, die mit der Herstellung des Stoffs beauftragt wurde, war an damaligen Umweltstandards gemessen ziemlich sauber, ja, sie gehörte zu den besten in Europa, befand sich jedoch in einem interessanten Dilemma. Zwar hatte der Fabrikdirektor, Albin Kaelin, sorgfältig darauf geachtet, die Menge der gefährlichen Emissionen zu verringern, doch die Beamten der Kontrollbehörde hatten kurz zuvor die Schnittkantenabfälle der Fabrik als gefährlich eingestuft. Dem Direktor war untersagt worden, diese auf eine Deponie bringen oder in einer Schweizer Verbrennungsanlage für Gefahrenstoffe verbrennen zu lassen. Stattdessen musste er sie zur Entsorgung nach Spanien exportieren. (Man beachte das Paradox: Stoffabfälle aus dem Zuschnitt dürfen nur unter Einhaltung kostspieliger Vorsichtsmaßnahmen vergraben oder auf eine Deponie gegeben werden oder sie müssen »sicher« in ein anderes Land exportiert werden, aber das Material selbst darf als »nicht gesundheitsschädlich« zur Verwendung in einem Büro oder zu Hause verkauft werden.) Wir erhofften uns ein anderes Schicksal für die Stoffabfälle: mit der Unterstützung von Sonne, Wasser und hungrigen Mikroorganismen als Mulch in örtlichen Kleingartenvereinen zu dienen.

Das Textilunternehmen ließ Rollstuhlfahrer interviewen und fand heraus, dass diese sich Polsterstoffe wünschten, die vor allem strapazierfähig waren und »atmeten«. Das Team entschied sich für ein Gemisch aus gesundheitsunbedenklichen, pestizidfreien Pflanzen- und Tierfasern: Wolle, die im Winter wie im Sommer für Isolierung sorgt, und Ramie (Bastfaser), die die Feuchtigkeit absorbiert. Zusammen würden diese Fasern einen strapazierfähigen und angenehmen Bezugsstoff abgeben. Dann begannen wir mit der Arbeit am schwierigsten Teil des Designs: der Entwicklung von geeigneten Färbemitteln und anderen Chemikalien. Statt Mutagene, Karzinogene, das Hormongleichgewicht störende Substanzen, Toxine und sich in der Natur anreichernde Substanzen am Ende des Herstellungsprozesses herauszufiltern, würden wir diese gleich zu Beginn ausschließen. Tatsächlich würden wir nicht nur einen Stoff entwickeln, der ungefährlich war. Wir würden einen konstruieren, der Nährstoff war.

Sechzig Chemieunternehmen lehnten unser Angebot zur Zusammenarbeit an diesem Projekt ab, da ihnen die Einsicht Außenstehender in ihre Produktionsverfahren, die eine zwangsläufige Begleiterscheinung wäre, nicht zusagte. Schließlich willigte Ciba-Geigy, das Schweizer Unternehmen, gegen das Michael in seiner Greenpeace-Zeit demonstriert hatte, ein. Wir schieden aus fast achttausend Chemikalien viele aus, die üblicherweise in der Textilindustrie verwendet werden; außerdem brauchten wir durch Prozessoptimierung kaum Zusatzstoffe. Da wir kein vorgegebenes Färbemittel verwendeten, waren zum Beispiel keine zusätzlichen giftigen Chemikalien und Verfahren notwendig, um die Stoffe vor ultravioletter Strahlung zu schützen (das heißt farbbeständig zu machen). Dann forschten wir nach Bestandteilen, die *positive* Eigenschaften hatten. Wir wählten schließlich nur achtunddreißig Substanzen aus, mit denen wir die gesamte Textilproduktlinie entwickelten. Was zunächst wie ein teures und aufwändiges Forschungsprojekt aussah, löste bald vielfältige Probleme und trug zu einem höherwertigen Produkt bei, das sich schließlich auch als wirtschaftlicher erwies.

Der Stoff ging in die Produktion. Der Fabrikdirektor berichtete uns später, die Kontrollbeamten hätten bei der Kontrolle der Abwässer (des Wassers, das aus der Fabrik kam) vermutet, ihre Messgeräte würden nicht funktionieren. Sie konnten keine Schadstoffe identifizieren, nicht einmal die Bestandteile, die, wie sie wussten, im Wasser waren, das in die Fabrik hineinfloss. Um ihre Kontrollinstrumente zu überprüfen, untersuchten sie das Wasser, das aus den städtischen Zuflüssen in die Fabrik kam. Die Instrumente waren in Ordnung; das Wasser, das aus der Fabrik herauskam, war hinsichtlich der meisten Parameter genauso sauber wie – oder sogar sauberer als – das hineinfließende. Wenn das abfließende Wasser sauberer ist als das hineinfließende, könnte die Fabrik gar Ersteres verwenden. So in den Herstellungsprozess integriert, hat man hier ohne zusätzliche Anstrengungen einen positiven Nebeneffekt, und es bedarf keiner Regularien, diesen weiterhin zu nutzen. Unser neuartiges Produktdesign hat nicht nur die traditionellen Verantwortlichkeiten für Umweltprobleme (*vermindern, wiederverwenden, verwerten*) umgangen, sondern machte auch Vorschriften entbehrlich – was jede Firmenleitung außerordentlich zu schätzen weiß.

Unser Vorgehen hatte noch weitere positive Nebeneffekte. Die Angestellten benutzen nun zur Erholung und als zusätzliche Arbeitsplätze Räume, in denen zuvor gefährliche Chemikalien gelagert worden waren. Schriftverkehr wegen bestimmter Genehmigungen war nicht mehr nötig. Die Arbeiter brauchten die Handschuhe und Masken, die ihnen einen schwachen Schutz vor den Giften am Arbeitsplatz geboten hatten, nicht mehr zu tragen. Die Produkte dieser Textilfabrik waren so erfolgreich, dass man sich jetzt mit einem neuen Problem konfrontiert sah, einem, das Unternehmen willkommen ist: finanziellem Erfolg.

Als biologischer Nährstoff verkörperte der Bezugsstoff genau die Art von Fruchtbarkeit, wie wir sie in der Natur finden. Nachdem er abgenutzt ist, können die Kunden den Stoff einfach vom Stuhl abziehen und ihn dem Boden zuführen oder kompostieren, ohne sich »schlecht« zu fühlen – vielleicht sogar mit Genuss. Geben wir es doch zu: Es macht Spaß, etwas wegzuwerfen. Und der Natur ohne Schuldgefühle ein Geschenk zu machen, ist ein unvergleichliches Vergnügen.

## Der technische Metabolismus

Ein *technischer Nährstoff* ist ein Material oder Produkt, das so konstruiert ist, dass es in den technischen Kreislauf zurückkehren kann, in den industriellen Metabolismus, dem es entstammt. Das gewöhnliche Fernsehgerät zum Beispiel besteht nach EPEA-Untersuchungen aus 4360 Chemikalien. Manche davon sind giftig, andere jedoch wertvolle Nährstoffe für die Industrie, die verschwendet werden, wenn der Fernseher auf einer Mülldeponie landet. Isoliert man sie von biologischen Nährstoffen, kann man sie *up*cyceln, statt sie nur zu *re*cyceln – sie in ihrer hohen Qualität innerhalb eines geschlossenen industriellen Kreislaufs weiterzirkulieren lassen. Auf diese Weise kann zum Beispiel ein robustes Computergehäuse fortwährend als robustes Computergehäuse zirkulieren – oder als ein anderes hochwertiges Produkt, wie zum Beispiel als Autoteil oder medizinisches Gerät –, statt zur Schallschutzwand oder zum Blumentopf *down*gecycelt zu werden.

Henry Ford praktizierte eine Frühform des Upcycling, als er von den Zulieferern Komponenten für die Modell-A-Lkws in Holzbehältern liefern ließ, aus denen dann die Bodenbretter des Fahrzeugs wurden, nachdem es sein Ziel erreicht hatte. Wir lassen gerade ein ähnliches Verfahren anlaufen, das einen bescheidenen Anfang darstellt: Koreanische Reishülsen werden als Verpackungsmaterial für Bauelemente von Stereoanlagen und für elektronische Geräte verwendet, die man nach Europa verschickt, wo sie zur Herstellung von Dämmmaterialien wiederverwendet werden. (Reishülsen enthalten einen hohen Anteil an Kieselerde.) Das Verpackungsmaterial ist ungiftig (Reishülsen sind ungefährlicher als recycelte Zeitungen, die giftige Druckfarben und Formaldehyd enthalten, die die Innenraumluft kontaminieren). Ihre Verschiffung ist in den Frachtkosten enthalten, die für die elektronischen Geräte ohnehin bezahlt werden müssen. Abfall fällt nicht an.

Das Design industrieller Masse kann speziell darauf ausgerichtet sein, deren hohe Qualität für unterschiedliche Verwendungen beizubehalten. Momentan werden die Stahlelemente eines Autos, nachdem es beim Schrotthändler gelandet ist, als ein Gemisch aller Stahlteile, zusammen mit verschiedenen Stahllegierungen anderer Produkte, recycelt. Das Auto wird zusammengeknautscht und gepresst und so weiterverarbeitet, dass der hoch verformbare Stahl vom Chassis sowie der Edelstahl, die beide zusammen mit diversem anderem Stahlschrott und Material eingeschmolzen werden, erheblich an Qualität einbüßen und die Möglichkeit ihrer weiteren Verwertung drastisch eingeschränkt wird. (Sie können zum Beispiel nicht erneut zur Herstellung von Chassis verwendet werden.) Das in den Kabeln enthaltene Kupfer wird zu einem Stoffgemisch vermengt und verliert seinen besonderen technischen Zweck – es kann nicht mehr als Kupferkabel dienen. Ein intelligenteres Design würde es ermöglichen, ein Auto so zu gebrauchen, wie Amerikas Ureinwohner einen erjagten Büffel nutzten – sie verwendeten alle Teile zum bestmöglichen Zweck, von der Zunge bis zum Schwanz. Metalle würden nur mit ähnlichen Metallen eingeschmolzen, um ihre Qualität zu erhalten. Das Gleiche würde für Plastik gelten.

Damit ein solches Szenario überhaupt praktikabel ist, müssen wir jedoch ein Konzept haben, das Hand in Hand mit der Vorstellung eines technischen Nährstoffs geht: Das Konzept eines *Dienstleistungs- oder Serviceprodukts.* Statt davon auszugehen, dass die »Konsumenten« alle Produkte kaufen, besitzen und beseitigen sollten, würde man Produkte, die wertvolle technische Nährstoffe enthalten – beispielsweise Autos, Fernsehgeräte, Auslegeware, Computer und Kühlschränke –, als *Service* wahrnehmen, den die Menschen in Anspruch nehmen möchten. In diesem Szenario würden die »Kunden« (eine passendere Bezeichnung als »Konsumenten« für die Benutzer dieser Produkte) effektiv den Service eines solchen Produkts lediglich für eine *gegebene Nutzerzeit* (zum Beispiel zehntausend Stunden TV) erwerben und nicht das Gerät selbst. Sie würden nicht für komplexe Materialien bezahlen, für die sie, wenn das Produkt ausgedient hat, keine Verwendung mehr haben. Wenn sie das Produkt nicht mehr brauchen oder einfach eine neuere Version haben wollen, nimmt der Hersteller das alte Produkt zurück, zerlegt es und verwendet die Materialien für neue Produkte. Der Kunde würde den Service so lange in Anspruch nehmen, wie er möchte, und ein besseres Modell erhalten, sooft er wünscht; die Hersteller würden weiterhin Wachstum und weitere Entwicklung verzeichnen, aber selbst die Eigentümer der Materialien bleiben.

Vor einigen Jahren arbeiteten wir für ein Chemieunternehmen an einem Konzept, das wir unter das Motto »Mieten Sie ein Lösungsmittel«[7] stellten. Ein Lösungsmittel ist eine Chemikalie, die beispielsweise gebraucht wird, um Schmierfett von Maschinenteilen zu entfernen. Unternehmen kaufen in der Regel das billigste Entfettungsmittel, das auf dem Markt ist, auch wenn es um den halben Erdball transportiert werden muss. Nach dem Gebrauch lässt man den Lösungsmittelabfall entweder verdunsten oder führt ihn in den zu den Kläranlagen fließenden Abfallstrom ein. Der Gedanke, der hinter »Mieten Sie ein Lösungsmittel« steckte, war der, den Kunden einen Entfetter-Service mit qualitativ hochwertigen Lösungsmitteln anzubieten, ohne das Lösungsmittel selbst zu verkaufen. Der Dienstleister würde die Emissionen auffangen und das Lösungsmittel vom Fett trennen, damit man es weiterhin verwenden könnte. Dieses Konzept böte dem Unternehmen den Anreiz, Lösungsmittel hoher Qualität zu benutzen und sie wiederzuverwenden, und hätte zudem die wichtige Nebenwirkung, dass toxische Materialien aus den Abwässerströmen ferngehalten würden. Dow Chemical hat es in Europa ausprobiert und DuPont greift diese Idee energisch auf.

Das Konzept hat gewaltige Auswirkungen auf den Reichtum der Industrie. Wenn ein Kunde heutzutage zum Beispiel seinen Teppich loswerden will, muss er für die Entsorgung zahlen. An diesem Punkt sind seine Materialien Passiva, nicht Aktiva – sie sind eine Ansammlung von Petrochemikalien und anderen potenziell toxischen Substanzen, die zu einer Deponie transportiert werden müssen. Dieser lineare Lebenszyklus – *von der Wiege bis zur Bahre* – hat verschiedene negative Konsequenzen sowohl für den Menschen als auch für die Industrie. Die Energie, der Arbeitsaufwand und die Materialien, die in die Herstellung des Teppichs gesteckt wurden, gehen dem Hersteller mit dem Verkauf an den Kunden verloren. Unzählige Tonnen potenzieller Nährstoffe für die Teppichindustrie werden jährlich verschwendet, und die Rohmaterialien müssen fortlaufend neu gewonnen werden. Für den Kunden, der sich einen neuen Teppich zulegen will oder muss, bedeutet der Kauf eine erhöhte finanzielle Belastung (da die Kosten des nicht wiederverwertbaren Materials auf den Preis aufgeschlagen werden). Ist er umweltbewusst, muss er sich noch mit dem Schuldgefühl herumschlagen, dass er den alten Teppich beseitigen und einen neuen kaufen will.

Teppichunternehmen gehörten in den USA zu den ersten in der Industrie, die unserem Konzept des Serviceprodukts oder des »Öko-Leasings« gefolgt sind, haben es bislang aber nur auf Produkte konventionellen Designs angewendet. Die handelsüblichen Teppiche bestehen dort aus Nylonfasern, die mit Fiberglas und PVC unterlegt sind. Wenn er ausgedient hat, downcycelt ihn der Hersteller normalerweise – er schält das Nylonmaterial für den weiteren Gebrauch ab und wirft den restlichen »Chemiecocktail« weg. Oder er zerkleinert den Teppich, schmilzt ihn ein und verwendet ihn für weitere Teppichrückseiten. Beim Design eines solchen Teppichs wurde ein Recycling nicht mit eingeplant, und so wird er in einen weiteren Kreislauf gepresst, in den er eigentlich gar nicht richtig hineinpasst.

Aber Teppichware, die als echter Nährstoff konzipiert ist, würde aus umweltfreundlichen Materialien gefertigt werden, damit sie problemlos als Rohmaterial für neue Ware recycelt werden kann, und die Auslieferung des Teppichs als »Serviceprodukt« würde genauso viel oder sogar weniger kosten, als wenn man ihn kauft. Intelligentes Design würde eine langlebige Unterschicht mit einer abtrennbaren Oberschicht kombinieren. Wenn der Kunde den Teppich auswechseln wollte, könnte der Hersteller einfach die Oberschicht abnehmen, schnell eine neue in der gewünschten Farbe aufbringen und die alte wieder mitnehmen, um sie als Nahrung für neues Teppichmaterial zu verwenden.

In diesem Konzept könnten die Menschen ihre Konsumgelüste ohne Schuldgefühle befriedigen, und die Industrie könnte sie in dem Wissen, dass beide Seiten den technischen Metabolismus fördern, ungestraft dazu ermuntern. Autohersteller würden es geradezu *wünschen*, dass die Kunden ihre alten Autos zurückbringen, damit die wertvollen industriellen Nährstoffe wiedergewonnen werden können. Statt den industriellen Ressourcen

»Auf Nimmerwiedersehen« zu sagen, wenn der Kunde mit dem Neuwagen vom Hof fährt, um nie wieder dorthin zurückzukehren, könnten die Automobilunternehmen dauerhafte und wertvolle Beziehungen entwickeln, die für viele Jahrzehnte die Lebensqualität des Kunden verbessern und die Industrie selbst kontinuierlich mit industrieller »Nahrung« bereichern würden.

Ein Design von Erzeugnissen als Serviceprodukte beinhaltet, sie so zu konzipieren, dass sie zerlegt werden können. Es ist nicht notwendig, dass die Industrie – im Gegensatz zur Natur – ihren Produkten eine unbegrenzte Haltbarkeit verleiht. Die Langlebigkeit vieler heutiger Produkte könnte man gar als Generationen übergreifende Tyrannei betrachten. (Vielleicht wünschen wir uns ja, dass unsere Gegenstände ewig halten, aber was wollen zukünftige Generationen? Wie steht es mit ihrem Recht auf Leben, Freiheit, Glück und Freude, auf den Genuss ihres eigenen Reichtums an Nährstoffen und Materialien?) Die Hersteller hätten jedoch die ständige Verantwortung für die Lagerung und die Wiederverwendung – falls diese überhaupt gefahrlos möglich ist – aller in ihren Produkten enthaltenen, potenziell gefährlichen Stoffe. Welchen größeren Anreiz könnte es geben, als ein Design zu entwickeln, das gänzlich ohne gefährliche Stoffe auskommt?

Würde dieses System voll zum Einsatz kommen, hätte es drei Vorteile: Es würde kein unbrauchbarer und möglicherweise gefährlicher Abfall produziert, und die Hersteller würden im Laufe der Zeit Materialkosten in Milliardenhöhe einsparen. Und da die Nährstoffe für neue Produkte ständig in Kreisläufen zirkulieren, würde die Förderung von Rohstoffen (wie Petrochemikalien) und die Herstellung von Materialien wie PVC, die potenziell den Hormonhaushalt störende Substanzen enthalten, verringert, bis sie schließlich ganz aus der Produktion verschwänden, was dem Hersteller noch mehr Einsparungen und der Umwelt einen enormen Gewinn bescheren würde.

Einige Produkte werden schon heute als biologische und technische Nährstoffe konzipiert. Doch viele Produkte können – was sich auch in absehbarer Zeit nicht ändern wird – noch keiner dieser Kategorien zugeordnet werden, eine Situation, die Gefahren in sich birgt. Darüber hinaus wird es nicht möglich sein, bestimmte Produkte auf Grund ihrer Verwendungsweise auf einen einzelnen Kreislauf zu beschränken. Diesen Produkten muss man sich in besonderem Maße widmen.

## Verschiedene Welten

Wenn es derzeit noch keine Alternativen für »Monsterhybride« gibt, ist wohl ein besonderer Einfallsreichtum gefragt, diese mit positiven Folgen sowohl für den biologischen als auch für den technischen Metabolismus zu konzipieren und zu vermarkten. Man denke nur an das unbeabsichtigte Vermächtnis, das uns das Design von normalen Laufschuhen, wie viele von uns sie tragen, hinterlassen hat. Während Sie spazieren gehen oder laufen, Aktivitäten, die zu Ihrer Gesundheit und Ihrem Wohlbefinden beitragen sollen, hinterlassen Ihre Schuhe der Umwelt, jedes Mal, wenn sie auf dem Boden aufsetzen, kleine Partikel, die Chemikalien wie Teratogene, Karzinogene oder andere Substanzen enthalten, die die Fruchtbarkeit verringern und die oxidativen Eigenschaften der Zellen hemmen können. Der nächste Regen schwemmt diese Partikel in den Boden und damit in die Pflanzen entlang der Straße. (Wenn in die Sohlen Ihrer Sportschuhe auch Kammern eingebaut sind, die zur Dämpfung des Schuhs mit Gasen gefüllt sind – von denen einige, wie man seit kurzem weiß, für die Erderwärmung mitverantwortlich sind –, tragen auch Sie zur Klimaveränderung bei.) Doch Laufschuhe könnte man auch mit Sohlen versehen, die biologische Nährstoffe sind. Wenn sich dann beim Aufsetzen der Füße Stoffe ablösen, werden sie nicht als Gifte, sondern als Nährstoffe in den organischen Metabolismus eingehen. Solange das Obermaterial weiterhin aus technischen Nährstoffen besteht, würde man die Schuhe jedoch so konzipieren, dass Ober- und Untermaterial leicht zu trennen wären, damit man sie in ihre entsprechenden Kreisläufe zurückführen könnte (wobei die technischen Materialien vom Hersteller zurückgenommen würden). Würde ein Sportartikelhersteller die technischen Nährstoffe der Schuhe berühmter Athleten zurücknehmen und sie wieder in neue Produkte packen – und damit die Werbetrommel rühren –, könnte ihm dies einen Wettbewerbsvorteil verschaffen.

Manche Materialien passen weder in den organischen noch in den technischen Metabolismus, weil sie bestimmte gefährliche Stoffe enthalten. Diese bezeichnen wir als *nicht marktfähig*, und bevor nicht Technologien entwickelt worden sind, die ihnen ihre Toxizität nehmen – oder ganz auf diese verzichten –, müssen wir für sie ebenfalls kreative Lösungen finden. Sie können in sicheren »Parkhäusern« abgestellt werden, die der Hersteller des Materials selbst unterhält oder mietet. Gegenwärtig auf dem Markt befindliche *nicht marktfähige* Produkte können zur sicheren Lagerung zurückgerufen werden, bis sie unschädlich gemacht und vom Menschen als wertvolle Moleküle genutzt werden können. Atommüll ist eindeutig *nicht marktfähig*. Wenn man es genau nimmt, sollte die Definition Materialien einschließen, die nachweislich gefährliche Bestandteile enthalten. PVC ist ein Beispiel dafür: Statt es zu verbrennen oder auf eine Mülldeponie zu kippen, könnte man es sicher zwischenlagern, bis es neue kosteneffektive Technologien zum Entgiften gibt. PET ist mit seinen derzeitigen Inhaltsstoffen wie Antimon ein weiterer *nicht marktfähiger* Stoff: Mit ein wenig technischem Erfindergeist wäre man sogar in der Lage, Gegenstände, die PET enthalten, wie zum Beispiel Getränkeflaschen, upzucyceln, um Antimonrückstände zu entfernen und ein sauberes, für den fortlaufenden Wiedergebrauch geeignetes Polymer zu schaffen.

Die Unternehmen könnten sich zum *Versiegenlassen der Abfallströme* verpflichten, bei dem sie *nicht Marktfähiges* – problematische Abfälle und Nährstoffe – aus dem gegenwärtigen Abfallstrom herausnehmen. Bestimmte, heute auf dem Markt befindliche Polyester könnten eingesammelt und ihr gefährliches Antimon entfernt werden. Das wäre in jedem Fall besser, als es in den Textilien zu lassen, mit denen es irgendwann auf dem Müll landet oder verbrannt wird und auf diesem Weg in die natürlichen Systeme und Nährstoffströme eindringt. Die Materialien bestimmter »Monsterhybride« könnten ebenfalls gesammelt und voneinander getrennt werden. Baumwolle könnte man durch Kompostierung aus Polyester-Baumwollgemischen abspalten und anschließend das Polyester technischen Kreisläufen zuführen. Schuhhersteller könnten Chrom von den Schuhen wiedergewinnen, andere Industrien von den Deponien Teile von Fernsehapparaten und anderen »Serviceprodukten« zurückholen. Einen erfolgreichen Übergang zu schaffen, erfordert Pioniergeist und Kreativität.

Sollten Hersteller der derzeit gängigen Produkte sich auf Grund ihres Mitwirkens an diesem bis dato destruktiven Programm schuldig fühlen? Ja und nein. Es spielt keine Rolle. Unter Irrsinn versteht man die unaufhörliche Wiederholung des Gleichen mit der Erwartung eines anderen Ergebnisses. Unter Fahrlässigkeit versteht man die unaufhörliche Wiederholung des Gleichen, wohl wissend, wie gefährlich, dumm oder falsch dies ist. Jetzt, da wir das wissen, wird es Zeit, die Dinge zu ändern. Fahrlässigkeit und Irrsinn beginnen morgen.

# 5. Vielfalt zelebrieren und fördern

Stellen wir uns den allerersten Anfang des Lebens auf diesem Planeten vor. Es gibt Fels und Wasser – Materie. Die Sonne sendet Wärme und Licht – Energie. Schließlich entstehen über Tausende von Jahrtausenden hinweg durch chemische und physikalische Prozesse, die Naturwissenschaftler auch heute noch nicht ganz verstehen, Biologie, einzellige Bakterien. Mit der Evolution von zur Photosynthese fähigen Blau- und Grünalgen ist ein monumentaler Schritt getan. Chemie und Physik verbinden sich mit der physikalischen Energie der Sonne, und die chemische Masse der Erde verwandelt sich in den blaugrünen Planeten, den wir kennen.

Jetzt entwickeln sich biologische Systeme, die sich von der Sonnenenergie ernähren, und plötzlich geht es los: Die Oberfläche des Planeten explodiert förmlich vor neuen Lebensformen, ein Netz unterschiedlicher Organismen, Pflanzen und Tiere, von denen manche Millionen Jahre später mächtige Religionen inspirieren, Heilmittel gegen tödliche Krankheiten entdecken und große Gedichte schreiben werden. Selbst bei einer Naturkatastrophe – wenn, sagen wir, eine Eiszeit große Teile der Erdoberfläche erstarren lässt – verschwindet diese Struktur nicht. Sobald sich das Eis zurückzieht, kriecht das Leben wieder hervor. In den Tropen bricht ein Vulkan aus und begräbt die Umgebung unter Lava und Asche. Aber eine Kokosnuss schwimmt auf dem Wasser und landet als Strandgut an einer Küste, eine Spore oder eine junge Spinne bewegt sich durch die Luft, landet auf einem zerbröselnden Felsen und beginnt dort das Netz der Natur neu zu weben. Es ist ein geheimnisvoller Prozess, aber ein wunderbar hartnäckiger. Die Natur macht sich daran, den Raum zu füllen, sobald sie mit Leere konfrontiert wird.

Dies ist die Gestaltungsgrundlage der Natur: ein Blühen der Vielfalt, ein Blühen des Überflusses. Es ist die Antwort der Erde auf ihre einzige größere Energiequelle von außen: die Sonne.

Die gegenwärtige Gestaltungsreaktion der Menschen könnte man als »Angriff der Einheitsgröße« bezeichnen. Schichten von Beton und Asphalt radieren Wälder, Wüsten, Küstenmarschen und Dschungel aus – alles, was sich ihnen in den Weg stellt. Gebäude mit nichts sagenden, einförmigen Fronten tauchen in Gemeinden auf, in denen jahrzehnte-, sogar jahrhundertelang schön und kulturell vielfältig gebaut wurde. Einst üppige Räume voller Grün und Leben schrumpfen zu Randgebieten, in denen nur die robustesten Arten – Krähen, Ratten, Mäuse, Tauben, Eichhörnchen und Kakerlaken – überleben. Landschaften werden zu Rasen mit einer einzigen Grasart eingeebnet, künstlich zum Wachstum angetrieben, aber ständig zurückgeschnitten, dazu kommen gestutzte Hecken und ein paar stark beschnittene Bäume. Die Monotonie breitet sich immer weiter aus und eliminiert dabei die Eigenheiten der jeweiligen Gegend. Offenbar strebt sie einfach nach immer mehr von sich selbst.

Wir sehen dies als *De-Evolution* – Vereinfachung und Zerstörung von Vielfalt im großen Stil –, die sich nicht auf die Ökologie beschränkt. Jahrhundertelang hat unsere Spezies zahlreiche Kulturen rund um den Globus entwickelt, eine Vielzahl von Arten zu essen, zu sprechen, sich anzuziehen, Götter zu verehren, sich auszudrücken, etwas zu schaffen. Eine Welle der Eintönigkeit breitet sich jetzt von Ozean zu Ozean aus und schwemmt auch diese kulturellen Besonderheiten hinweg.

Gegen diese Welle der Eintönigkeit setzen wir das Prinzip »Fördert die Vielfalt«. Damit meinen wir nicht nur die Artenvielfalt, sondern auch die Vielfalt der Orte und Kulturen, der Wünsche und Bedürfnisse, der einzigartigen menschlichen Gestaltungsfähigkeit. Wie kann eine Fabrik, die in einem Wüstenklima gebaut wurde, angenehm anders sein als eine, die in den feuchten Tropen steht? Was bedeutet es, Balinese, Mexikaner zu sein und dies auch auszudrücken? Wie können wir die heimischen Arten stärken und sie in unsere »kultivierten« Landschaften einladen, statt sie zu vernichten oder zu vertreiben? Wie können wir aus einer Vielfalt von natürlichen Energieströmen Gewinn und Genuss ziehen? Wie können wir uns mit einem Überfluss von verschiedenen Materialien, Optionen und Antworten, von kreativen und eleganten Lösungen auseinander setzen?

## Nicht die Stärksten überleben, die Angepasstesten gedeihen

Es ist eine Volksweisheit, dass die angeblich Stärksten überleben, die Kräftigsten, Größten, vielleicht die Gemeinsten – je nach Wettbewerb. Aber in gesunden, funktionierenden natürlichen Systemen ist es im Grunde das *Angepassteste*, was gedeiht. Zur Angepasstheit gehört eine energetische und materielle Verbundenheit mit dem Ort und eine wechselseitige Beziehung zu ihm.

Nehmen wir wieder die Ameisen.[1] Wir haben vielleicht eine archetypische Vorstellung von »der Ameise«, aber in Wirklichkeit gibt es mehr als achttausend verschiedene Ameisenarten auf unserem Planeten. Über Jahrmillionen hinweg hat sich jede in Anpassung an ihre bestimmte Nische entwickelt und dabei Eigenschaften und Verhaltensweisen verstärkt, mit denen sie sich einen Lebensraum schaffen und sich die Energie und Nahrung, die sie braucht, besorgen kann. Im Regenwald können Hunderte verschiedene Ameisenarten in der Krone eines einzigen großen Baumes koexistieren. Da gibt es die Blattschneiderameise, die mit ihren Unterkiefern Blätter schneiden und tragen kann; die Feuerameise, ein Aasfresser mit hoch entwickelten Methoden des Gruppentransports von Beute verschiedenster Größe zum Ameisennest; die Weberameise mit ihrem ausgeklügelten Pheromon-Kommunikationssystem, mit dem sie Verbündete und Arbeiterinnen zum Krieg zusammenrufen kann. Auf dieser Welt gibt es Ameisen, die allein jagen, Ameisen, die in Gruppen jagen, und Ameisen, die Blattläuse als »Vieh« züchten, das sie dann »melken«. Hunderte Arbeiterinnen einer Kolonie können sich auf dem Waldboden versammeln, Sonnenlicht tanken und dessen Wärme direkt in ihren Körpern wieder hinunter ins Nest tragen – eine beeindruckende Nutzung der Sonnenenergie.

Ameisen sind angepasst und arbeiten nicht unausweichlich darauf hin, andere konkurrierende Spezies zu vernichten. Vielmehr konkurrieren sie produktiv von ihren Nischen aus, ein Begriff, mit dem Wissenschaftler die unterschiedlichen Lebensräume und Ressourcennutzungen der Arten innerhalb eines Ökosystems beschreiben. In seinem Buch *Lebensraum Regenwald*[2] erklärt John Terborgh, ein Naturwissenschaftler, der die komplexen Ökosysteme des Regenwalds untersucht hat, wie zehn Arten Ameisenvögel in einem einzigen Waldgebiet zusammenleben und Jagd auf die gleichen Insektenarten machen: Eine Spezies bewohnt ein Gebiet unten am Boden, verschiedene andere leben in den mittleren Höhen der Bäume, eine andere besetzt die hohe Krone. In jeder dieser Regionen machen die Arten unterschiedlich Beute – ein Ameisenvogel aus den mittleren Höhen liest die Insekten von den Blättern ab, ein anderer von den Ästchen und Zweigen usw. So bleibt in den anderen Nischen Nahrung übrig.

Die Lebenskraft von Ökosystemen hängt von Beziehungen ab: Was spielt sich zwischen den Arten einer bestimmten Region ab, wie gehen sie mit Ressourcen um, welcher Material- und Energieaustausch findet statt? Ein Teppich ist eine häufig benutzte Metapher zur Beschreibung der Vielfalt, für das bunt strukturierte Netz einzelner Arten, die durch ineinander greifende Aufgaben miteinander verwoben sind.[3] In einer solchen Umgebung bedeutet Vielfalt Stärke, und Monokultur ist gleichbedeutend mit Schwäche. Wenn man die Fäden einen nach dem anderen herauszieht, wird das Ökosystem instabil, es ist nicht mehr so gut in der Lage, Naturkatastrophen und Krankheiten zu trotzen, gesund zu bleiben und sich im Laufe der Zeit weiterzuentwickeln. Je mehr Vielfalt es gibt, desto mehr produktive Funktionen – produktiv für das Ökosystem, für den Planeten – werden ausgeführt.

Jeder Bewohner eines Ökosystems ist deshalb bis zu einem gewissen Grad von den anderen abhängig und auf Unterstützung angewiesen. Jedes Geschöpf ist in die Erhaltung des ganzen Systems einbezogen; sie alle arbeiten kreativ und letztendlich auch effektiv für den Erfolg des Ganzen. Die Blattschneiderameisen zum Beispiel recyceln Nährstoffe und bringen sie in tiefere Bodenschichten, so dass Pflanzen, Würmer und Mikroorganismen sie verarbeiten können, und das alles, während sie selbst Nahrung für sich sammeln und einlagern. Ameisen lockern und belüften den Boden überall rings um die Pflanzenwurzeln und machen ihn so wasserdurchlässig. Bäume verdunsten und reinigen Wasser, produzieren Sauerstoff und kühlen die Oberfläche unseres Planeten. Die Tätigkeit einer jeden einzelnen Spezies hat nicht nur individuelle und lokale Implikationen, sondern auch globale. (Viele Menschen, wie etwa jene, die dem *Gaia*-Prinzip anhängen, gehen so weit, die Erde als einen einzigen riesigen Organismus wahrzunehmen.)

Wenn die Natur unser Vorbild ist, was bedeutet es dann für die Tätigkeiten des Menschen, an der Erhaltung und Bereicherung dieses pulsierenden Gewebes beteiligt zu sein? Erstens bedeutet es, dass wir im Laufe unserer individuellen Aktivitäten auf eine reichhaltige Verbindung mit dem Ort und nicht nur einfach mit den umgebenden Ökosystemen hinarbeiten; Artenvielfalt ist nur ein Aspekt der Vielfalt. Industrieunternehmen, die die Vielfalt fördern, beschäftigen sich mit lokalen Material- und Energieflüssen und mit lokalen sozialen, kulturellen und ökonomischen Kräften, statt sich als autonome, nicht mit der Kultur oder Landschaft um sie herum verbundene Einheiten zu begreifen.

## Jede Nachhaltigkeit beginnt lokal

Ein Anfang, menschliche Systeme und Tätigkeiten anzupassen, liegt in der Erkenntnis, dass jede echte Nachhaltigkeit (genau wie jede gute Politik) lokal angepasst ist. Wir verbinden sie mit lokalen Material- und Energieflüssen und mit lokalen Bräuchen, Bedürfnissen und Vorlieben, von der Ebene des Moleküls bis hinauf zur Ebene der Region. Wir bedenken, wie die Chemikalien, die wir einsetzen, sich auf das Wasser und den Boden des Gebiets auswirken – wie könnten sie Nährstoffe liefern, statt zu kontaminieren? –, wir überlegen, woraus das Produkt gemacht wird, wie die Umgebung aussieht, in der es hergestellt wird, wie unsere Prozesse interagieren mit dem, was flussaufwärts und flussabwärts geschieht, wie wir sinnvolle Beschäftigung bieten, die wirtschaftliche und körperliche Gesundheit der Menschen in der Region erhalten, biologischen und technischen Reichtum für die Zukunft schaffen. Wenn wir einen Stoff von anderswo importieren, bewerten wir das, was dort geschehen ist, wie ein lokales Ereignis. Wie wir in den *Hannover Principles* geschrieben haben: »Erkenne Interdependenz an! Elemente des menschlichen Designs beeinflussen sich und beruhen auf der natürlichen Welt, mit breiten und unterschiedlichen Auswirkungen in jedem Bereich. Weite deine Designüberlegungen aus, um auch sehr entfernt liegende Auswirkungen zu berücksichtigen!«

Als Bill 1973 mit seinem Professor nach Jordanien reiste, um an einem langfristigen Entwicklungsplan des Jordan-Ostufers zu arbeiten, hatte das Team den Auftrag, Strategien für Städte der Zukunft zu entwickeln, in denen die Beduinen sich niederlassen könnten, nachdem die politischen Grenzen ihrem traditionellen nomadischen Wanderleben ein Ende gesetzt hatten. Ein konkurrierendes Team schlug vorgefertigte Plattenbauten im Sowjetstil vor, wie sie im ehemaligen Ostblock und in der Sowjetunion allgegenwärtig waren, »Überall«-Gebäude, die man von Sibirien bis zum Kaspischen Meer finden konnte. Die Bauten selbst sollten per Lastwagen auf holprigen Straßen von einem Industriezentrum im Hochland nahe Amman herangebracht und im Tal zusammengesetzt werden.

Bill und seine Kollegen schlugen vor, Lehmbauten zu adaptieren und weiterzuentwickeln. Einheimische konnten diese mit vorhandenen Materialien errichten – mit Ton, Stroh, Pferde-, Kamel- oder Ziegenhaar und (nicht zuletzt) mit Hilfe der brennenden Sonne. Die Materialien waren althergebracht, gut bekannt und einzigartig angepasst an das heiße, trockene Klima. Die Bauten waren so geplant, dass sie den Temperaturfluss über den Tag und über das Jahr hinweg optimierten: Nachts nahm ihre Masse die Kühle der Luft auf und speicherte sie, wodurch die Innentemperatur an den heißen Wüstentagen niedriger wird. Das Team spürte ältere Handwerker in der Region auf, die ihnen zeigen konnten, wie man die Gebäude (vor allem die Kuppeln) baute, und dann jungen Beduinen (die mit Zelten aufgewachsen waren) beibrachten, mit Lehm zu bauen und diese Bauten später auch zu reparieren.

Auf jeder Ebene stellte sich das Team immer wieder die Frage: Was ist das Richtige für diese Gegend? Nicht vorgefertigte Elemente oder die Vergewaltigung der Landschaft durch einen universellen modernen Stil, beschlossen sie. Sie hofften, ihr Plan werde diese bestimmte Gemeinschaft in mehrfacher Hinsicht fördern: Die Häuser wurden aus heimischen Materialien gebaut, die biologisch und technisch wiederverwendbar waren. Der Einsatz dieser Materialien und die Arbeit der Handwerker aus der Umgebung würden eine lokale Wirtschaftsaktivität entstehen lassen und so viele Einwohner wie nur möglich unterstützen. Die Einheimischen würden in die Entstehung der Gemeinschaft mit einbezogen und blieben mit dem kulturellen Erbe der Region verbunden, das auch in der ästhetischen Besonderheit der Bauten fortbestand. Das Anwerben einheimischer Handwerker zur Ausbildung junger Leute im Umgang mit lokalen Materialien und Techniken würde die Beziehungen zwischen den Generationen fördern.

## Regionale Materialien

Die Idee der lokalen Nachhaltigkeit ist nicht auf Materialien beschränkt, setzt aber bei ihnen an. Die Verwendung heimischer Materialien öffnet die Tür zu einer Gewinn bringenden lokalen Geschäftstätigkeit. Sie umgeht zudem das Problem der Bioinvasion, wenn beim Transfer von Materialien von einer Region in eine andere unbeabsichtigt nichtheimische eindringende Arten in fragile Ökosysteme eingeführt werden. So kam der Kastanienrindenkrebs (Cryphonectria parasitica), verantwortlich für das Verschwinden der Rosskastanien in den Vereinigten Staaten, mit einem Stück Bauholz aus China ins Land. Die Rosskastanie war ein prägender Baum der Wälder im amerikanischen Osten. Die anderen einheimischen Kastanienarten entwickelten sich zusammen mit ihr, und jetzt sind auch sie verschwunden.

Wir betrachten nicht nur stoffliche Materialien, sondern auch physikalische Prozesse und ihre Auswirkungen auf die Umwelt. Statt eine Landschaft mit konventionellen Vorgehensweisen zu zerstören, denken wir darüber nach, wie wir durch Gebäude mehr heimische Arten anlocken können (wie wir es in der Herman-Miller-Fabrik taten). Wenn wir die Nachhaltigkeit als lokale wie auch globale Aufgabe sehen, ist die Freisetzung von Giftstoffen in fließende Gewässer oder die Verschiffung zu anderen, weniger stark überwachten Küsten ebenso wenig akzeptabel wie die Vergiftung des Wassers und der Luft in der direkten Umgebung.

Das vielleicht fortgeschrittenste Beispiel der effektiven Nutzung lokaler Materialien bietet die Verarbeitung dessen, was wir als Abfall kennen – gleichzeitig eine grundlegende Anwendung des Prinzips »Abfall ist Nahrung«. Wir haben viel an der Entwicklung von auf Bioremediation (dem Aufbrechen und Reinigen von Abfällen durch die Natur) basierenden Klärwerken gearbeitet, um die konventionelle Behandlung von Abwässern mit scharfen Chemikalien zu ersetzen. Der Biologe John Todd nennt diese Systeme »lebende Maschinen«, weil sie lebende Organismen – Pflanzen, Algen, Fische, Garnelen, Mikroben usw. – anstelle von Giftstoffen wie Chlor einsetzen, um Wasser zu reinigen. Diese lebenden Maschinen werden oft mit künstlichen Umwelten in Treibhäusern gleichgesetzt, aber sie haben alle möglichen Formen angenommen. Einige Systeme, die wir gerade in unsere Projekte integrieren, sind dazu gedacht, das ganze Jahr draußen und in jedem Klima zu arbeiten. Zudem gibt es Sumpfbeetklärstufen oder sogar Schilfbeete, die auf einer giftigen Lagune treiben, ausgestattet mit kleinen Windmühlen, um den Schlamm umzuwälzen.

Für sich entwickelnde Länder ist dieser Ansatz der Abwasserbehandlung eine enorm wichtige Möglichkeit, Nährstoffströme optimal zu nutzen und sofort eine Nährstoff gewinnende Vorgehensweise umzusetzen. Da sich die tropischen Regionen schnell entwickeln, vergrößert sich dort die Bevölkerung, und der Druck, Abwässer (und die Wasserläufe, in die sie üblicherweise eingeleitet werden) zu reinigen, steigt. Statt eine Einheitslösung einzusetzen, die auf lange Sicht höchst ineffektiv ist, ermutigen wir diese verschiedenen Kulturen, neue Klärsysteme zu entwickeln, die Abfall zu Nahrung machen. 1992 wurde in Silva Jardim in der brasilianischen Provinz Rio de Janeiro ein Abwasserverarbeitungssystem in Betrieb genommen, dass Michael und seine Kollegen entwickelt hatten. Es wurde lokal produziert aus Tonröhren, die das Abwasser der Dorfbewohner in große Teiche und dann in eine ausgeklügelte Abfolge von kleinen Teichen leiteten, die eine erstaunliche Vielfalt an Pflanzen, Mikroben, Schnecken, Fischen und Garnelen beherbergen. Das System kann auf dem Weg des Wassers Nährstoffe gewinnen und nebenbei auch sauberes, gesundes Trinkwasser produzieren. Bauern standen Schlange nach diesem gereinigten Wasser und dem düngenden Klärschlamm mit seinem wertvollen Stickstoff, Phosphor und den Spurenelementen. Die Abwässer wurden von Anfang an nicht als Belastung, sondern als ein großer Wert wahrgenommen und entsprechend behandelt. Abwassernährstoffe werden so über Gartenkulturen in biologische Nährstoffkreisläufe zurückgebracht.

Eine Gemeinde in Indiana, mit der wir zusammenarbeiten, lagert die festen Bestandteile der Abwässer in kalten Wintern einfach in großen Tanks unter der Erde. Im Sommer, wenn die Sonne lange und hell scheint, werden diese Feststoffe in einem großen Garten ausgebracht, wo Pflanzen, Mikroben, Pilze,

Schnecken und andere Organismen die Nährstoffe reinigen und mit der Kraft der Sonne umsetzen. Dieses System ist für die Gegend in mehrfacher Hinsicht wichtig. Es arbeitet mit den Jahreszeiten, nutzt die Sonnenkraft optimal, wenn sie verfügbar ist, statt eine Behandlung während des Winters zu erfordern, wenn die Sonne kraftlos ist. Sie nutzt heimische Nährstoffe und Pflanzen für einen Prozess, der dem Grundwasser hochwertiges Trinkwasser zurückgibt und einen schönen Garten unterhält. Die Gemeinde erhält Millionen von Klär-»Fabriken« – ein lebendiges Beispiel für Artenvielfalt.

Ein weiterer Punkt: In diesem Fall gab es nur einen sinnvollen Platz für die Behandlung der Abwässer, nämlich am Rande der Gemeinde in der Nähe einer wichtigen Autobahn – der zufällig flussaufwärts lag. Weil sie die Auswirkungen ihrer Kläranlage lokal gehalten haben, denken die Anwohner jetzt zweimal nach, bevor sie gefährliche Substanzen in den Abfluss kippen oder technische und biologische Stoffe vermischen. Es bleibt ihnen deutlich, dass ihre Abwässer keine abstrakte Größe werden, sondern für reale Menschen und ihre Familien wichtig sind. Aber selbst wenn wir die Kläranlage irgendwo »weit weg« hätten bauen können, hätten wir gut daran getan, so zu handeln, als ob sie genau dort stünde, wo sie jetzt steht. Aus der Perspektive des ganzen Planeten gedacht, leben wir alle weiter unten am Fluss.

## Natürliche Energieströme einsetzen

In den dreißiger Jahren des 19. Jahrhunderts reiste Ralph Waldo Emerson mit einem Segelschiff nach Europa und kehrte auf einem Dampfer zurück. Wenn wir diesen Moment als Symbol betrachten, könnten wir sagen, er reiste zunächst auf einem wiederverwendbaren Schiff, das von Sonnenkraft und Menschen angetrieben wurde, die ein uraltes Handwerk an der frischen Luft ausübten. Zurück kam er auf einem stählernen Schiff, das später als rostiger Seelenverkäufer Öl ins Wasser und Rauch in den Himmel spuckte, angetrieben von Männern, die im Dunkeln fossile Brennstoffe in die Rachen der Dampfkessel schaufelten. In seinem Tagebuch auf dem Weg zurück auf dem Dampfer schrieb Emerson vom Fehlen dessen, was er wehmütig als die Verbindung zur »äolischen Kinetik«, der Kraft des Windes, beschrieb. Er fragte sich, welche Folgen diese sich verändernden Verbindungen zwischen den Menschen und der Natur haben würden.

Manche dieser Folgen hätten ihn wohl zutiefst erschreckt. Mit neuen Techniken und ungeheurem Energieeinsatz (wie etwa fossilen Brennstoffen) gab die industrielle Revolution den Menschen eine nie dagewesene Macht über die Natur. Die Menschen waren nicht mehr so stark von den Naturgewalten abhängig oder so hilflos gegenüber den Widrigkeiten des Landes und des Meeres. Sie konnten sich wie nie zuvor über die Natur hinwegsetzen, um ihre vermeintlichen Ziele zu erreichen. Doch dabei hatte auch eine massive Trennung stattgefunden. Moderne Wohnhäuser, Bürogebäude und Fabriken, ja selbst ganze Städte sind so vollständig von den natürlichen Energieströmen abgeschnitten wie der Dampfer auf dem Meer. Es war Le Corbusier, der sagte, das Haus sei eine Maschine zum Wohnen, und er rühmte Dampfschiffe ebenso wie Flugzeuge, Autos und Getreidesilos. Die Gebäude, die er entwarf, wiesen durchaus menschenfreundliche Elemente wie etwa eine raffinierte Durchlüftung auf, aber seine Botschaft wurde von der Bewegung der Moderne aufgenommen und entwickelte sich zu einer maschinenähnlichen Gleichheit im Design. Glas, dieses grandiose Material, das das Drinnen und das Draußen verbinden könnte, wurde benutzt, um uns von der Natur zu trennen.

Während draußen die Sonne schien, schufteten die Menschen unter künstlichem Licht, arbeiteten buchstäblich im Dunkeln. Unsere Bauten mochten vielleicht Maschinen zum Wohnen sein, aber viel Lebendiges war nicht mehr an ihnen. (Ein Artikel aus dem Jahr 1998 im *Wall Street Journal* über die neue Mode, Fenster einzubauen, die sich öffnen lassen, spiegelt einen echten Tiefpunkt in den Annalen der zeitgenössischen Büro- und Industriearchitektur wider.)

Wie weit haben wir uns von den »Saltbox«-Häusern des kolonialen Neuengland entfernt, die mit einer hohen Südseite gebaut wurden, an der sich die Fenster des Hauses drängten, um eine maximale Sonneneinstrahlung im Winter zu sichern. (Im Sommer boten die Blätter eines großen Ahornbaums im Südwesten Schutz vor der Sonne.) Eine zentrale Feuerstelle und der dickwandige Kamin bildeten einen warmen Herd in der Mitte des Hauses, und das im Norden tief heruntergezogene Dach schützte das geheizte Gebäude vor der Kälte – hinter einem Windbrecher aus immergrünen Bäumen, die genau zu diesem Zweck gepflanzt und gepflegt wurden. Das Bauwerk und die es umgebende Landschaft verschmolzen zu einer Einheit.

Man vergisst im strahlenden benzinbetriebenen Leuchten eines postindustriellen Zeitalters leicht, dass nicht nur heimische Materialien und Bräuche, sondern auch heimische Energieströme zur Verfügung stehen. In weniger industrialisierten Regionen sind dagegen kreative Ansätze zur Nutzung lokaler Energieströme noch immer sehr lebendig. Die Aborigines an der Küste Australiens haben eine einfache, elegante Strategie entwickelt, das Sonnenlicht nutzbar zu machen: Zwei Astgabeln mit einem Stock darüber bilden einen Balken, gegen den in den kühleren Monaten auf der Südseite Rindenstücke überlappend wie Dachziegel gelehnt werden, so dass die Bewohner in der warmen Nordsonne sitzen können. Im Sommer verlegen sie die Rindenstücke auf die Nordseite, um die Sonne abzuhalten, und sitzen auf der anderen Seite, im Schatten. Ihr ganzes »Haus« besteht aus ein paar Stöcken und Rinde, die geschickt den lokalen Bedingungen angepasst sind.

Turmartige Windfänge werden in heißen Gegenden seit Jahrtausenden genutzt, um Luftströme einzufangen und sie durch Gebäude zu leiten. In Pakistan schöpfen Kamine, auf denen »Windkellen« angebracht sind, den Wind buchstäblich und leiten ihn in den Kamin. Unten befindet sich manchmal ein kleines Wasserbecken, um den Wind zu kühlen, während er hinab und ins Haus hineinstreicht. In iranischen Windtürmen tropft ständig Wasser; Luft kommt herein, strömt den Kamin mit seinen feuchten Wänden hinab und gelangt gekühlt im Haus unten an. Im indischen Fatepur Sikri werden poröse Wandschirme aus Sandstein, manchmal kunstvoll bearbeitet, mit Wasser getränkt, um die hindurchstreichende Luft zu kühlen, und in den Lössebenen Chinas graben die Menschen ihre Häuser zum Schutz vor Wind und Sonne in den Boden ein.

Mit der modernen Industrialisierung und ihren Produkten, wie etwa großen Fensterglasflächen, und der weit verbreiteten Nutzung fossiler Brennstoffe zum billigen und einfachen Heizen und Kühlen ist solch lokale Findigkeit aus den industrialisierten Regionen verschwunden, und selbst in ländlichen Gebieten ist sie auf dem Rückzug. Seltsamerweise kommen Architekten heute offenbar zurecht, ohne überhaupt etwas von den alten Grundprinzipien der Ausrichtung von Bauten zu wissen. Wenn Bill vor Architekten redet, fragt er oft, wer von den Zuhörern denn weiß, wie man die echte Südausrichtung findet – nicht den magnetischen oder den »Landkarten«-Süden, sondern den wirklichen solaren Süden –, und es melden sich nur wenige, wenn überhaupt (und noch seltsamer: niemand fragt, wie es geht).

Wenn wir mit natürlichen Energieströmen arbeiten, können wir alles unter der Sonne neu denken: das Gesamtkonzept von Kraftwerken, von Energie, Wohnen und Fortbewegung. Es bedeutet, alte und neue Techniken zu den intelligentesten Entwicklungen zu verschmelzen, die wir bis heute gesehen haben. Es bedeutet jedoch nicht, »unabhängig« zu werden. Allgemein ist die Sonnenenergie mit der Vorstellung verbunden, man könne sich vom Versorgungsnetz abkoppeln. Doch darum geht es uns gar nicht. Zunächst einmal wird eine erneuerte Verbindung zu den natürlichen Strömen schrittweise geknüpft werden müssen, und die Nutzung bereits vorhandener Systeme ist eine vernünftige Strategie für den Übergang. Mit Hilfe von Hybridsystemen kann man zusätzlich zu künstlichen Energiequellen auf lokale erneuerbare Energien zurückgreifen, während bessere Lösungen entwickelt und umgesetzt werden. In manchen Fällen kann man Sonnenenergie – wie auch Wind- und Wasserkraft – in das bestehende Energiesystem einspeisen und damit die Menge der benötigten künstlichen Energie stark verringern und sogar Geld sparen. Ist dies Öko-Effizienz? Auf jeden Fall. Aber es ist Öko-Effizienz als Instrument einer größeren Vision, nicht als Ziel an sich.

Auf lange Sicht trägt die Einbeziehung natürlicher Energieströme dazu bei, unsere grundlegende Beziehung zur Quelle allen positiven Wachstums auf unserem Planeten wiederherzustellen: zur Sonne, jenem gewaltigen Kraftwerk in 150 Millionen Kilometern Entfernung (genau dort, wo wir es wollen). Selbst auf eine solche Entfernung kann die Sonnenwärme noch zerstörerisch sein, und sie fordert eine sorgfältige Abstimmung aller Umstände, um natürliche Energieströme zu ermöglichen. Die Menschen können auf der Erde unter einer so intensiven Wärme- und Lichtstrahlung nur leben, weil evolutionäre Prozesse in Jahrmilliarden die Atmosphäre und die Oberfläche geschaffen haben, die unserer Existenz dienlich sind – den Boden, das Pflanzenreich und die Wolkendecke, die den Planeten abkühlt, das Wasser auf ihm verteilt und so die Atmosphäre in einer Temperaturbandbreite hält, in der wir leben können. Wenn wir unsere Beziehung zur Sonne also wieder erneuern, bedeutet das *per definitionem* eine Interdependenz mit all den anderen ökologischen Gegebenheiten, die natürliche Energieströme überhaupt erst möglich machen.

Im Folgenden finden Sie einige Gedanken über – und Beispiele für – eine optimale Energieproduktion und -nutzung, bei der die Vielfalt eine Schlüsselrolle spielt.

## Ein Übergang zu vielfältigen und erneuerbaren Energieströmen

Oben haben wir betrachtet, wie Vielfalt ein Ökosystem widerstands- und anpassungsfähiger macht. In Zeiten unerwarteter Störungen – wie etwa im Sommer des Jahres 2001, als eine ungewöhnlich hohe Energienachfrage in Kalifornien zu zeitweiligen Stromsperren, enormen Preissteigerungen und sogar Wucherpreisen führte – könnte ein komplexeres System sich besser anpassen und überleben. Gleiches gilt für das Wirtschaftssystem: Eine gegliederte Industrie führt zu vielen kleinen Unternehmen und einem stabileren, widerstandsfähigeren System für Lieferanten wie für Kunden. Und aus einer öko-effektiven Perspektive heraus stammen die größten Innovationen bei der Energieversorgung von kleinen Firmen auf lokaler Ebene. So zeigt sich etwa bei unserer Arbeit mit einem städtischen Versorgungsbetrieb in Indiana, dass die Energieerzeugung in kleinen Kraftwerken für jeweils drei Häuserblocks in der Stadt ungleich effektiver ist als eine zentralisierte Produktion. Die kürzeren Wege senken die Energieverluste beim Hochspannungstransport bis zur Bedeutungslosigkeit.

Kernkraftwerke und andere große Energielieferanten geben eine enorme Wärmeenergie ungenutzt ab, die oft das umgebende Ökosystem beeinträchtigt, wenn sie etwa in einem Fluss abgekühlt wird. Mit kleineren Versorgungseinheiten kann man Abwärme für lokale Bedürfnisse nutzen. So kann zum Beispiel das heiße Wasser, das in einer kleinen Brennstoffzelle oder Mikroturbine etwa in einem Restaurant oder einer Wohnanlage produziert wird, direkt genutzt werden – sehr bequem (und kostensparend) für Betriebe und Hauseigentümer.

Statt mehr große Kraftwerke zu bauen, um den Spitzenverbrauch abzufangen, können Versorgungsunternehmen Sonnenkollektoren als Serviceprodukte in bereits bestehende Systeme integrieren. Hauseigentümer und Betriebe können ihre Süd- oder Flachdächer zu diesem Zweck verpachten oder Zugang zu bereits vorhandenen Kollektoren gewähren. (Diese Dächer müssen übrigens nicht unbedingt wie ausrangierte Raumfahrtmodule aussehen. Das überall verbreitete Industrieflachdach lässt sich leicht mit Sonnenkollektoren ausstatten, und die billigsten Sonnenkollektoren werden einfach wie Dachziegel verbaut. In vielen Teilen Kaliforniens arbeiten sie heute mehr als kostendeckend.) In Spitzenverbrauchszeiten ist dieses auf mehreren Säulen aufbauende System weitaus besser angepasst; die höchste Nachfrage in den USA entsteht durch das Zuschalten von Klimaanlagen, wenn die Sonne hoch steht – genau dann, wenn die Sonnenkollektoren am besten arbeiten. Es kann Zeiten starker Nachfrage sehr viel flexibler auffangen als zentralisierte Strommonokulturen, die mit Kohle, Gas und Atomkraft laufen.

Ein anderer Ansatz, um den enormen (und enorm teuren) Schwankungen in der Energienachfrage zu begegnen: »intelligente« Computerprogramme in Haushaltsgeräten, die zusammen mit der Energie selbst Informationen über den aktuellen Strompreis erhalten und entsprechend aus unterschiedlichen

Energiequellen auswählen, wie ein Broker, der beauftragt ist, entsprechend dem Ansteigen oder Fallen eines festgelegten Börsenpreises zu kaufen oder zu verkaufen. Warum sollte man den Höchstpreis bezahlen, damit der Kühlschrank um zwei Uhr an einem Sommernachmittag die Milch kühlt, wenn die laufenden Klimaanlagen die Stadt schon an den Rand des Stromausfalls gebracht haben? Stattdessen könnte Ihr Computer – nach den Kriterien, die Sie festgelegt haben – entscheiden, wann er Energie kauft und wann er auf einen Block aus eutektischer Sole oder Eis zurückgreift, den er sinnvollerweise in der Nacht zuvor tiefgefroren hat, damit er Ihren Kühlschrank kalt hält, bis Nachfrage und Preis wieder gesunken sind. Es ist eine Art Zurück in die Zukunft: Voilà, Sie haben eine Eiskiste. Aber Sie machen sich die billigste, am leichtesten verfügbare Energie für einen einfachen Vorgang zu Nutze, und Sie konkurrieren dabei nicht mit den Bedürfnissen der Notaufnahme eines Krankenhauses.

Eine ähnliche Konzentration auf die Vielfalt und sofort verfügbare Ressourcen führte zu fundamentalen Verbesserungen im Energieverbrauch einer großen Automobilfabrik. Die Ingenieure hatten Probleme, einen bezahlbaren Weg zu finden, um den Arbeitern eine angenehme Umgebung zu schaffen. All die kleinen Dinge, die Geld sparen konnten, brachten in der Summe nicht viel. Sie arbeiteten mit einem typischen Ansatz von Heizung und Kühlung, bei der direkt neben den Brennern und Klimaanlagen oben unter dem Dach angebrachte Thermostate mit Sensoren erfassten, wie das Gebäude geheizt oder gekühlt werden sollte. Im Winter stieg die warme Luft unter das Dach, zog kalte Luft von außen nach und musste wieder von Brennern geheizt und hinuntergepumpt werden, um jene kalte Luft zu verdrängen, die sie selbst hereingebracht hatte. All diese Luftbewegungen summierten sich zu einem unangenehmen Zug, zu dessen Beseitigung noch mehr Heizung notwendig war.

Ein Ingenieur namens Tom Kiser von Professional Supply Inc. schlug eine radikal neue Strategie vor. Statt Säulen gekühlter und geheizter Luft (je nach Jahreszeit) mit hoher Geschwindigkeit durch »effizient gestaltete« Ventilatoren und Kanäle oben auf dem Gebäude auf die Angestellten hinunterzublasen, schlug er vor, das Gebäude selbst als riesigen Kamin zu verstehen. Wenn man das Gebäude mit Hilfe von vier Kompressoren – einfachen, großen Anlagen – unter Druckluft setzt, kann die Luft durch alle Löcher in dem Bauwerk, etwa durch Fenster und Türen hindurch, wie durch Nadelstiche in einem Reifen entweichen. Dabei dringt die Luft eher nach außen, als dass kalte bzw. warme Luft von außen hereinkommt. Dies hat einige große Vorteile. Bei warmem Wetter kann man einfach eine Schicht mäßig warmer Luft in das Gebäude schicken, und diese sinkt bis auf den Boden der Fabrik, ohne dass die üblichen Klimaanlagen oder Hochleistungsventilatoren nötig wären, die im Betrieb unendlich viel teurer sind, auch wenn man sie noch so effizient plant. Im Winter dient eine Schicht kalter Luft als Deckel und hält die durch die Fabrikanlagen produzierte Wärme am Boden, also dort, wo die Menschen diese Wärme brauchen. (Ohne den Zug durch die übermäßigen Luftbewegungen ist alles über etwa 20 °C warm genug.) Mit anderen Worten: Kiser hatte die geniale Idee, mit kalter Luft zu heizen. Thermostate werden in der Umgebung der Angestellten installiert, nicht in der Anlage selbst unter dem Dach, entsprechend der Idee, dass man nach den Bedürfnissen der Menschen heizen und kühlen sollte, nicht nach denen des Gebäudes.

Dazu kommen noch weitere Vorteile. So strömt zum Beispiel in einem konventionellen System durch das Öffnen und Schließen der Laderampen für die Lastwagen ständig unangenehm warme oder kalte Luft ein. Ein Druckluftsystem hält unerwünschte Luft fern, statt sie heizen oder kühlen zu müssen, um den Status quo wieder zu erreichen. Die übergroße Wärme aus Luftkompressoren (die 80 Prozent ihres Energieverbrauchs als Abwärme abgeben), Schweißbrennern und anderen Geräten kann leicht zur Nutzung in den Kompressoren zurückgewonnen werden. Die sonst vergeudete und schädliche Wärme wird so zu einem Gewinn. Wenn man ein solches System mit einem Grasdach verbindet, um den Bau zu isolieren und vor Aufheizung im Sommer, Wärmeverlusten durch den Wind im Winter sowie den schädlichen UV-Strahlen des Tageslichts zu schützen, begreift man das Gebäude als ein aerodynamisches Ganzes, gestaltet es wie eine Maschine – aber diesmal ist es keine Maschine zum Wohnen, sondern eine lebendige Maschine.

## Wind ernten

Windkraft bietet ähnliche Möglichkeiten für Hybridsysteme, die die lokalen Ressourcen effektiver nutzen. In Orten wie Chicago, der »windigen Stadt« (wo wir dem Bürgermeister Richard Daley helfen, »die grünste Stadt der Vereinigten Staaten« zu schaffen), und am Buffalo Ridge, der sich an der Grenze zwischen Minnesota und South Dakota entlangzieht und manchmal als das Saudi-Arabien des Windes bezeichnet wird, liegt auf der Hand, welche lokale Energiequelle im Überfluss vorhanden ist. Wir sehen schon heute Windparks mit vielen Megawatt Leistung auf dem Buffalo Ridge, und der Staat Minnesota hat Programme für die Entwicklung von Windparks aufgelegt. Auch der Nordwesten Amerikas am Pazifik versteht sich jetzt als Windkraftwerk, und neue Windparks entstehen überall in Pennsylvania, Florida und Texas. In Europa gibt es – dank vorausschauender staatlicher Förderung – schon seit Jahren groß angelegte Windenergie-Programme.

Aus einer öko-effektiven Perspektive heraus ist allerdings die

Planung und Gestaltung von konventionellen Windkraftanlagen nicht immer optimal. Die neuen Windparks sind gewaltig – hundert Windräder (eigentlich Windturbinen) auf einem Haufen, jedes von ihnen ein Goliath mit einer Leistung von einem Megawatt und mit einer Flügelspannweite von der Länge eines Fußballfeldes. Entwickler lieben eine zentralisierte Infrastruktur, aber für die dazu nötigen Hochspannungsleitungen entstehen zusätzlich zu den Windturbinen weitere riesige Türme in einer einst bukolischen Landschaft. Außerdem sind moderne Windräder nicht als technische Nährstofflieferanten mit ökologisch intelligenten Materialien konstruiert.

Denken wir einmal zurück an jene berühmten niederländischen Landschaftsbilder. Die Windmühlen standen immer zwischen den Höfen, nicht weit von den Feldern entfernt, um günstig Wasser pumpen und mahlen zu können. Sie waren über das Land verteilt und hatten eine zur Umgebung passende Größe, bestanden aus heimischen Materialien – und sahen dazu noch schön aus. Jetzt stellen wir uns vor, eines der neuen Windräder stünde jeweils zwischen ein paar Farmhäusern in den Great Plains. Wie bei den Sonnenkollektoren könnten auch hier die Versorgungsunternehmen Land von den Farmern zu diesem Zweck pachten und die Windturbinen wie auch die Energie, die sie produzieren, so verteilen, dass die bestehenden Leitungskabel optimal ausgenutzt und nur wenige neue nötig wären. Die Farmer bekommen einen dringend benötigten Zusatzverdienst, und das Versorgungsunternehmen erntet die Energie, die sie dann ins Netz einspeist. Eines unserer Projekte zur selbst produzierten Energie arbeitet mit Windkraft, die genau so geerntet worden ist. Wir nennen das: »den Wind reiten«.

Wem es schwer fällt, sich vorzustellen, dass dies eine wichtige Energiequelle werden wird, der sollte bedenken, was die enorme industrielle Leistungsfähigkeit, die die Welt in die Lage versetzt, jährlich mehrere Millionen Autos herzustellen, bewegen könnte, wenn auch nur ein Bruchteil davon in dieser Richtung investiert würde. Und da die neuen Windräder in geeigneten Landschaften auch schon kosteneffektiv arbeiten und mit der Energie aus fossilen Brennstoffen und der Kernspaltung konkurrieren können, gibt es auch keinen Grund, warum dies nicht geschehen sollte. Verbunden mit intelligenten Anwendungen direkter Sonnenaufnahme und kosteneffektiver Speicherung sind die Auswirkungen für den nationalen Wohlstand und die Sicherheit (auf Grund der autonomen Energiequellen) überwältigend. Stellen Sie sich nur die großen Vorteile einer neuen heimischen Windturbinen-Industrie vor, die im Lande Wasserstoff für unsere Pipelines und Fahrzeuge produziert, statt dass wir gezwungen sind, uns auf politisch wie materiell unzuverlässiges Öl zu verlassen, das auf Supertankern um den halben Globus gefahren wird.

Übergangsstrategien für die Energienutzung geben uns die Gelegenheit, eine Technik zu entwickeln, die wirklich öko-effektiv ist – nicht weniger schädlich, sondern förderlich. Schließlich wollen wir Prozesse und Produkte gestalten, die nicht nur die biologischen und technischen Nährstoffe zurückgeben, die sie nutzen, sondern die Energie, die sie verbrauchen, sogar mit Zinsen zurückerstatten.

Bei der Arbeit mit einem von Professor David Orr vom Oberlin College zusammengestellten Team entwickelten wir die Idee, ein Gebäude und sein Gelände nach dem Modell des Baumes zu gestalten. Wir dachten uns Wege aus, wie es die Luft reinigen, Schatten und Lebensraum spenden, den Boden bereichern und sich mit den Jahreszeiten verändern könnte, wobei es schließlich mehr Energie erzeugen würde, als es zum Funktionieren verbrauchte. Dazu gehörten Sonnenkollektoren auf dem Dach und einige Baumreihen auf der Nordseite des Gebäudes als Windschutz und für die Artenvielfalt; ein innerer Aufbau, den man verändern und den ästhetischen und funktionalen Vorlieben der Menschen anpassen könnte, mit angehobenen Fußböden und geliehenen Teppichböden; ein Teich, der Wasser für die Bewässerung speichert; eine lebende Maschine im und neben dem Gebäude mit einem Teich voller ausgewählter Organismen und Pflanzen, die das Abwasser reinigten; nach Westen und Süden ausgerichtete Konferenzräume und Säle zur bestmöglichen Nutzung der Sonneneinstrahlung; spezielle Fensterscheiben, die die Menge des einstrahlenden UV-Lichtes kontrollieren; ein wieder aufgeforsteter Wald auf der Ostseite des Gebäudes; und ein Ansatz in der Landschafts- und Geländepflege, der Pestizide oder Bewässerung überflüssig macht. All diese Punkte werden gerade optimiert. In seinem ersten Sommer begann das Gebäude mehr Energiekapital zu produzieren, als es verbrauchte – ein kleiner, aber hoffnungsvoller Anfang.

Stellen Sie sich das vor: ein Gebäude wie ein Baum, eine Stadt wie ein Wald.

## Für eine Vielfalt von Bedürfnissen und Wünschen

Die Vielfalt bei der Gestaltung zu fördern heißt auch, nicht nur darüber nachzudenken, wie ein Produkt hergestellt wird, sondern auch darüber, wie und von wem es genutzt werden soll. Bei einem Konzept *von der Wiege zur Wiege* hat es möglicherweise viele Nutzungsmöglichkeiten und viele Nutzer zu verschiedenen Zeiten und an verschiedenen Orten. Ein Bürogebäude oder Geschäft zum Beispiel könnte so geplant sein, dass es sich an verschiedene Nutzungen über mehrere Generationen hinweg anpassen lässt, statt nur für einen bestimmten Zweck errichtet und dann abgerissen oder mit Mühe umgebaut zu werden. Die Stadtviertel SoHo und TriBeCa in Lower Manhattan blühen immer noch, weil ihre Gebäude verschiedene dauerhafte Vorteile aufweisen, die man heute nicht gerade als effizient betrachten würde: Sie haben hohe Räume und große, hohe Fenster, die das Tageslicht einlassen, dicke Wände, die die Tageswärme und die Kühle der Nacht ausgleichen. Wegen ihres attraktiven und sinnvollen Designs haben diese Gebäude schon viele Nutzungszyklen durchlaufen, als Lagerhäuser, Ausstellungsräume und Werkstätten, dann als Lager- und Distributionszentren, als Künstlerlofts und in letzter Zeit als Büros, Galerien und Apartments. Ihr ansprechendes Aussehen und ihre Nützlichkeit fallen immer wieder auf. An diesem Vorbild orientiert, haben wir einige Gebäude für Unternehmen entworfen, die später auch als Wohnhäuser Verwendung finden können.

Wie die französischen Marmeladengläser oder (mit Einschränkung) die deutschen Senfgläser, die man, einmal leer, auch als Trinkgläser nutzen kann, können Verpackung und Produkt auch im Hinblick auf ihr späteres Upcycling geplant werden. Die äußere Verpackung mit ihrer wichtigsten Eigenschaft der großen, flachen, steifen Oberfläche ist ein natürlicher Vorläufer eines neuen Lebens als Baumaterial, wie schon Henry Ford wusste. Eine Kiste, die dazu dienen soll, ein Produkt von Savannah aus per Schiff zu befördern, könnte aus wasserfester Isolierung bestehen, die die Empfänger in Soweto zum Bau von Häusern benutzen könnten. Auch hier kommen kulturelle Unterschiede ins Bild. Afrikanische Dorfbewohner, die früher gewohnt waren, aus Flaschenkürbissen und Tontassen zu trinken und keine Recyclingstruktur für Abfall haben, brauchen vielleicht eine Einweg-Getränkeverpackung, die nach dem Wegwerfen zerfällt und der Natur Nahrung gibt. In Indien dagegen, wo Material und Energie sehr teuer sind, würden die Menschen vielleicht Materialien begrüßen, die man rückstandslos verbrennen kann. In industrialisierten Gebieten wären wohl Polymere die bessere Lösung, die als »Nahrung« für neue Flaschen dienen könnten, mit einer passend entwickelten Upcycling-Infrastruktur.

In China sind Styroporpackungen ein solches Müllproblem, dass die Menschen oft schon von der »weißen Verschmutzung« sprechen. Styropor wird aus den Fenstern der Züge und Flussboote geworfen und vermüllt überall die Landschaft. Es wäre doch sinnvoll, eine Verpackung zu entwickeln, die nach ihrem Einsatz gefahrlos verrottet. Sie könnte aus Reisstroh bestehen, das nach der Ernte auf den Feldern verbleibt und heute üblicherweise verbrannt wird. Es ist leicht verfügbar und billig. Die Verpackung könnte mit Stickstoff in kleinen Mengen angereichert werden. Statt sich schuldig und belastet zu fühlen, wenn sie fertig gegessen haben, könnten die Menschen es genießen, ihre ungefährlichen, gesunden Verpackungsnährstoffe aus dem Zugfenster zu werfen. Diese würden schnell verrotten und den Boden mit Humus versorgen. Sie könnten sogar Saatkörner heimischer Pflanzen enthalten, die Wurzeln schlagen, während die Verpackung zerfällt. Oder die Menschen würden die Verpackung erst am nächsten Bahnhof entsorgen, wo einheimische Bauern und Gärtner Sammelstationen eingerichtet hätten, um diesen Dünger zu nutzen. Wir könnten sogar Schilder aufstellen mit dem Hinweis: »Bitte wegwerfen«.

## Form folgt Evolution

Statt eine Einheitsästhetik zu verbreiten, kann die Industrie eine echte »Massen«-Individualisierung ermöglichen und zulassen, dass Verpackung und Produkte lokalen Vorlieben und Traditionen angepasst werden, ohne die Integrität des Produkts zu gefährden. Luxusindustrien wie Mode und Kosmetik waren die Vorreiter bei der Anpassung an den individuellen Geschmack und die lokalen Vorlieben. Andere können ihnen folgen und das Bedürfnis nach individuellem und kulturellem Ausdruck in ihre Entwicklungen einbeziehen. So könnte zum Beispiel die Automobilindustrie die Gewohnheit vieler Menschen auf den Philippinen anerkennen, ihre Fahrzeuge zu dekorieren, und ihren Kunden die Möglichkeit geben, Schmuck anzubringen und kreative, auffällige Bilder mit umweltfreundlichen Farben zu malen, statt sie auf ein »universelles« Aussehen zu beschränken (oder sie öko-effektive Vorteile verlieren zu lassen, wenn sie die kulturelle Vorliebe für eine solche Dekoration ausleben). Öko-effektives Design erfordert ein kohärentes Prinzipiensystem, das auf den Gesetzen der Natur und auf der Möglichkeit einer immer währenden Ausdrucksvielfalt gründet. Es gibt die bekannte Regel, dass die Form der Funktion folgen sollte, aber die Möglichkeiten sind größer, wenn die Form der Evolution folgt.

Was für die Ästhetik gilt, gilt auch für Bedürfnisse, die je nach ökologischen, ökonomischen und kulturellen Bedingungen variieren – ganz zu schweigen von individuellen Vorlieben. Wie wir dargelegt haben, werden Waschmittel heute so produziert, dass sie an jedem vorstellbaren Ort und in jedem Ökosystem genau gleich funktionieren. Konfrontiert mit den fragwürdigen Auswirkungen eines solchen Designs, könnten Fürsprecher der Öko-Effizienz einem Hersteller raten, »weniger schlecht« zu sein, indem er Konzentrat statt Flüssigwaschmittel verschifft oder indem er die Verpackung reduziert oder recycelt. Aber warum sollte man versuchen, dieses falsche System zu verbessern? Wozu überhaupt diese Verpackung? Warum diese Inhaltsstoffe? Warum flüssig? Warum Einheitswaschmittel?

Warum macht man Waschmittel nicht so, wie es die Ameisen tun würden? Waschmittelhersteller könnten das zentrale Verständnis (das Konzept »Waschmittel«) beibehalten, aber lokale Verpackungen, Transportwege, ja sogar molekulare Auswirkungen entwickeln. So erhöht zum Beispiel der Transport von Wasser (in Form von flüssigen Reinigungsmitteln) die Transportkosten und ist nicht notwendig, da es in der Waschmaschine, bei der Reinigung in der Wanne, dem Fluss oder See, wo auch immer das Waschen stattfindet, ausreichend Wasser gibt. Vielleicht könnte man Waschmittel in Stücken oder in Pulverform ausliefern und lose im Einzelhandel verkaufen. Die Gewässerqualität ist unterschiedlich; verschiedene Arten von Stücken und Pulver könnten an Orten mit hartem oder weichem Wasser zum Einsatz kommen, wieder andere dort, wo Menschen die Kleidung auf Felsen ausschlagen und das Waschmittel direkt in die Wasserversorgung gelangt. Ein großer Waschmittelproduzent fing an, so zu denken, als er feststellte, dass Frauen in Indien seine Waschmittel (die für Waschmaschinen gedacht waren) benutzten, um ihre Kleider mit der Hand zu waschen, indem sie die aggressiven Waschmittel auf die Kleidung streuten und die Wäschestücke dann auf Felsen am Fluss ausschlugen. Zudem konnten sich die Frauen nur jeweils kleine Mengen Waschmittel leisten. Konfrontiert mit einem vielseitigeren Produkt der Konkurrenz, entwickelte die Waschmittelfirma ein sanfteres Mittel und füllte es in kleine, preiswerte Päckchen ab, die die Frauen an Ort und Stelle öffnen konnten. Ein solches Denken kann noch viel weiter gehen. So könnten die Hersteller Waschmittel als ein Serviceprodukt neu denken und Waschmaschinen entwickeln, die das Reinigungsmittel zurückgewinnen und immer wieder benutzen: Eine Waschmaschine könnte geladen mit dem Wert von Reinigungsmitteln für zweitausend Füllungen vermietet werden – eine nicht annähernd so gewaltige Herausforderung, wie es klingt, da nur 5 Prozent der Durchschnittsmenge an Waschmitteln tatsächlich bei einem typischen Reinigungsvorgang »verbraucht« werden.

Der Biologe Tom Lovejoy erzählt von einem Treffen zwischen Edward O. Wilson, dem großen Evolutionsbiologen, der so ausführlich über die Artenvielfalt (und über Ameisen) geschrieben hat, und George W. Bushs Stabschef John Sununu beim Weltgipfel in Rio 1992. Wilson war dort, um den Präsidenten für die Unterstützung der Biodiversitätskonvention zu gewinnen, die von der Mehrheit aller Länder als ein Signal ihrer ernsten Sorgen in dieser Hinsicht eingebracht worden war. Nachdem Wilson den großen Wert der Artenvielfalt beschrieben hatte, antwortete Sununu: »Ich verstehe. Sie wollen ein Gesetz zum Schutz bedrohter Arten für die ganze Welt ... Und der Teufel steckt im Detail.« Worauf Wilson antwortete: »Nein, Sir. Gott steckt in den Details.«

Wenn die Artenvielfalt den Gestaltungsrahmen der Natur absteckt, dann schwächen Gestaltungslösungen der Menschen, die diese nicht achten, das ökologische und kulturelle Gewebe unseres Lebens und verringern die Freude und den Genuss erheblich. Charles de Gaulle soll gesagt haben, dass es schwer ist, ein Land zu regieren, das vierhundert Sorten Käse herstellt. Aber was wäre, wenn sich alle Käsereien Frankreichs zu Gunsten des Marktwachstums darauf konzentriert hätten, individuell eingepackte Quadrate orangefarbener »Käsenahrung« herzustellen, die alle genau gleich schmeckten?

Den Ergebnissen vielfältiger Befragungen zufolge möchten die meisten Menschen in kulturell differenzierten Gemeinschaften leben. Wenn sie Fast-Food-Restaurants oder Einheitsgebäude gezeigt bekommen, geben sie diesen Bildern sehr wenige Punkte. Sie ziehen die malerischen Straßen Neuenglands modernen Vorstädten vor, auch wenn sie selbst vielleicht in Wohnanlagen wohnen, die einst die Hauptstraßen ihrer Heimatstädte zerstört haben. Wenn sie die Gelegenheit bekommen, wählen die Menschen etwas anderes als das, was ihnen üblicherweise in den Einheitsplanungen angeboten wird (das Reihenhaus, das Einkaufszentrum). Die Menschen wollen Vielfalt, weil sie ihnen mehr Freude und Genuss bringt. Sie wollen eine Welt mit vierhundert Käsesorten.

Vielfalt bereichert die Lebensqualität auf andere Art: Das Aufeinanderprallen verschiedener Kulturen kann die Perspektive erweitern und kreativen Wandel inspirieren. Denken Sie nur daran, wie Martin Luther King Mahatma Gandhis Lehren des gewaltlosen Widerstands aufnahm und zum Konzept des zivilen Ungehorsams formte.

## Netzwerke von Informationen

Traditionell haben sich Unternehmen für Signale, die den Wandel beeinflussten, auf das Feedback verlassen. Sie haben *zurück*geschaut, um bisherige Fehler und Erfolge zu bewerten, oder sie haben um sich geschaut, um zu sehen, welche Konkurrenz ihnen droht. Die Vielfalt zu fördern bedeutet auch, die Menge der äußeren Anregungen zu erhöhen und eine größere Palette von ökologischen und sozialen Kontexten sowie einen weiteren zeitlichen Rahmen aufzunehmen. Wir können dieses »Feedforward« konsultieren, wenn wir uns nicht nur fragen, was in Vergangenheit und Gegenwart funktioniert hat, sondern auch, was wohl in der Zukunft funktionieren wird. Was für eine Welt wollen wir, und wie könnten wir Dinge im Einklang mit dieser Vision gestalten? Wie wird eine nachhaltige globale Wirtschaft in zehn, in hundert Jahren aussehen? Wie können Produkte und Systeme uns helfen, diese Wirtschaft zu schaffen und zu erhalten, so dass zukünftige Generationen durch das, was wir tun, bereichert und nicht durch Gefahrenstoffe und Abfälle tyrannisiert werden? Was können wir jetzt tun, um den Prozess der industriellen Re-Evolution einzuleiten?

Wenn jener Waschmittelhersteller in dieser Richtung weiterdenken würde, ginge es ihm nicht mehr allein darum, ein Reinigungsmittel zu produzieren, das bequem in der Benutzung und sanft zu den Händen ist. Er würde sich vielmehr auch fragen: Ist es sanft zum Ganges? Liefert es Nährstoffe für ein vielfältiges Leben im Wasser? Nachdem wir jetzt wissen, welche Waschmittel der Kunde will, sollten wir herausfinden, welche Waschmittel der Fluss will. Nachdem es jetzt in einzelne Portionen verpackt ist: Wie kann eine Verpackung als Verbrauchsprodukt aussehen, das leicht am Flussufer verrottet und dem Boden Nährstoffe zuführt oder gefahrlos als Brennstoff eingesetzt wird oder beides? Und wie ist das mit Stoffen, die gar keine Waschmittel brauchen, um sauber zu werden, die stattdessen mit einem »Lotus-Effekt« versehen werden? (Auf einem Lotusblatt bleibt nichts haften.) Eines nach dem anderen könnten die Elemente eines Produkts vor einem sich ständig erweiternden Hintergrund positiv neu definiert werden, bis das Produkt selbst sich entwickelt und verändert und alle seine Aspekte so gestaltet sind, dass sie eine vielfältige Welt mit Nährstoffen versorgen.

Mit einem großen Kosmetik- und Reinigungsmittelhersteller (Unilever) haben wir an einem Duschgel gearbeitet und uns das Planungsziel gesetzt, eine Antwort auf die Frage zu finden: Was für ein Waschmittel will der Fluss? (Dabei ging es um den Rhein und die Elbe.) Gleichzeitig wollten wir den Wunsch des Kunden nach einem gesunden, angenehmen Duschgel erfüllen. In einem ersten Schritt erklärte Michael dem Hersteller, dass er das Produkt wie ein Arzneimittel behandeln und nur die besten Inhaltsstoffe auswählen wolle. In Anbetracht des Produkts war unser Kunde, das Unternehmen, eher dazu bereit, als es vielleicht ein Chemieunternehmen, das Farben für Innenarchitekten herstellt, gewesen wäre. Michael und unsere Kollegen identifizierten 22 Inhaltsstoffe in einem durchschnittlichen

Duschgel, von denen einige nötig waren, um die starken Wirkungen anderer billiger Zutaten zu mildern. (So wurden zum Beispiel feuchtigkeitsspendende Substanzen zugesetzt, um die austrocknende Wirkung einer bestimmten Chemikalie auszugleichen.) Dann machten er und das Team sich daran, eine weitaus kleinere Liste von Inhaltsstoffen zusammenzustellen, die nur die Wirkungen hatten, die sie haben wollten. Damit verschwanden die komplizierten Gleichgewichtssysteme der konventionellen Rezepturen, und es entstand ein Produkt, das ebenso gesund für die Haut wie für das Ökosystem des Flusses wäre, in dem es schließlich landen würde.

Als die Liste der vorgeschlagenen Inhaltsstoffe fertig war – insgesamt waren es neun –, weigerte sich das Unternehmen zuerst, das Produkt weiterzuentwickeln, weil die neuen Chemikalien teurer waren als diejenigen, die es bisher eingesetzt hatte. Doch als es den ganzen Prozess und nicht nur die Kosten der Inhaltsstoffe in den Blick nahm, zeigte sich, dass das neue Duschgel in der Herstellung dank einer einfacheren Zubereitung und geringerer Lageranforderungen fast 15 Prozent billiger war. Das Gel kam 1998 auf den Markt und wird immer noch verkauft – heute allerdings in einer reinen Polypropylen-Verpackung, nachdem Michael und die Wissenschaftler herausgefunden hatten, dass Antimon aus den ursprünglichen PET-Flaschen in das Duschgel gelangte.

## Vielfalt von »Ismen«?

Letztlich müssen wir mit vielfältigen Ansätzen an die Produktion von Gütern herangehen. Sich auf ein einzelnes Kriterium zu konzentrieren, schafft Instabilität im größeren Kontext und repräsentiert das, was wir einen »Ismus« nennen, eine extreme, völlig von der Gesamtstruktur losgelöste Position. Und wir wissen aus der Geschichte, wie zerstörerisch »Ismen« wirken können – denken wir an die Folgen von Faschismus, Rassismus, Sexismus, Nationalsozialismus oder Terrorismus.

Betrachten wir die beiden Manifeste, die die industriellen Systeme geformt haben: Da ist einmal Adam Smith' *Der Wohlstand der Nationen* (1776) und zweitens *Das Kommunistische Manifest* von Karl Marx und Friedrich Engels (1848). In Ersterem – geschrieben, als England noch versuchte, seine Kolonien zu behaupten, und veröffentlicht im Jahr der amerikanischen Unabhängigkeitserklärung – erteilt Smith dem Empire eine Absage und tritt für den freien Handel ein. Er verbindet den Reichtum und die Produktivität eines Landes mit einer allgemeinen Verbesserung der Lebenssituation und behauptet, dass »jeder Mann, der sein eigenes Interesse verfolgt, von einer unsichtbaren Hand geleitet wird, das Allgemeinwohl zu fördern«.[4] Smith war ein Mann, dessen Überzeugungen und Arbeiten sich auf die moralischen wie auf die wirtschaftlichen Kräfte konzentrierten. So wirkt die unsichtbare Hand, die seiner Vorstellung nach die wirtschaftlichen Standards regulieren und Ungerechtigkeiten verhindern würde, auf einem Markt voller »moralischer« Menschen, die individuelle Entscheidungen treffen – ein Ideal des 18., aber nicht notwendigerweise eine Realität des 21. Jahrhunderts.

Die ungerechte Verteilung des Reichtums und die Ausbeutung der Arbeiter veranlassten Marx und Engels zur Abfassung des *Kommunistischen Manifests*, in dem sie für die Notwendigkeit eintraten, die Menschenrechte zu wahren und den ökonomischen Reichtum zu teilen. »Arbeitermassen, in der Fabrik zusammengedrängt, werden soldatisch organisiert … sie sind täglich und stündlich geknechtet von der Maschine, von dem Aufseher und vor allem von den einzelnen fabrizierenden Bourgeois selbst.«[5] Nachdem der Kapitalismus bei der Verfolgung seiner wirtschaftlichen Ziele oft die Interessen der Arbeiter ignoriert hatte, scheiterte auch der Sozialismus immer dann, wenn er einzig und allein auf Ismen ausgerichtet war. Wenn alles dem Staat gehört, muss das Individuum vom System missachtet werden. Dies geschah in der früheren Sowjetunion, wo die Regierung fundamentale Menschenrechte wie etwa die Redefreiheit verweigerte. Auch die Umwelt hat gelitten: Wissenschaftler haben 16 Prozent der früheren Sowjetunion auf Grund der industriellen Verschmutzung und einer schweren Kontamination, die als »Ökozid« bezeichnet wurde, als gefährlichen Lebensraum eingeordnet.[6]

In den Vereinigten Staaten, England und anderen Ländern kam der Kapitalismus zur Blüte, mancherorts geprägt durch ein mit dem Wirtschaftswachstum einhergehendes Interesse an der Wohlfahrt der Gesellschaft (abzulesen etwa an Henry Fords Erkenntnis, dass »Autos keine Autos kaufen können«) und reguliert, um die Verschmutzung zu reduzieren. Aber die Umweltprobleme wuchsen. 1962 rief Rachel Carson mit *Der stumme Frühling* eine neue Bewegung – den Ökologismus – ins Leben, die ständig neue Anhänger gewann. Seit damals haben Individuen, Gemeinden, Regierungsbehörden und Umweltgruppen als Reaktion auf wachsende Sorgen um die Umwelt verschiedene Strategien angeboten, um die Natur zu schützen, die Ressourcen zu schonen und die Verschmutzung zu beseitigen.

Alle drei Manifeste sind einem echten Wunsch entsprungen, die menschlichen Lebensbedingungen zu verbessern, und alle drei haben ihre Triumphe wie auch ihre klaren Fehlschläge erlebt. Aber auf die Spitze getrieben – auf Ismen reduziert – können die Haltungen, die sie inspiriert haben, wichtige Faktoren für den langfristigen Erfolg außer Acht lassen, wie etwa die soziale Gerechtigkeit, die Vielfalt der menschlichen Kultur, die Gesundheit der Umwelt. Carson schrieb eine wichtige Warnung an die Welt, aber selbst die Sorge um die Umwelt, als Ismus verstanden, kann soziale, kulturelle und wirtschaftliche Belange vernachlässigen und damit dem ganzen System schaden.

»Wie könnt ihr mit *denen* zusammenarbeiten?«, werden wir in Anspielung auf unsere Bereitschaft, mit jedem Sektor der Wirtschaft, auch mit den großen Konzernen, zu arbeiten, oft gefragt. Worauf wir manchmal zurückfragen: »Wie könnt ihr *nicht* mit ihnen zusammenarbeiten?« (Wir denken an Emerson, der Thoreau im Gefängnis besuchte, als er dort einsaß, weil er seine Steuern nicht bezahlt hatte – Teil seines zivilen Ungehorsams. »Was machen Sie da drinnen?«, soll Emerson gefragt haben, worauf Thoreau antwortete: »Was machen Sie da draußen?«)

Die Menschen, die uns diese Frage stellen, sind oft der Ansicht, dass die Interessen von Wirtschaft und Umwelt in einem unauflöslichen Konflikt miteinander stehen und dass Umweltschützer, die mit Konzernen zusammenarbeiten, ihre Überzeugungen zu Markte getragen haben. Und Geschäftsleute haben ihre eigenen Vorurteile gegenüber Umweltschützern und sozialen Aktivisten – sie sind in ihren Augen oft Extremisten, die für hässliche, aufwendige, technisch rückständige und unglaublich teure Designs und Verfahrensweisen eintreten. Allgemein scheint zu gelten, dass man entweder auf der einen oder auf der anderen Seite der Barrikaden steht.

Manche Philosophien verbinden zwei der auf den ersten Blick konkurrierenden Sektoren und vertreten die Idee einer »sozialen Marktwirtschaft« oder eines »Unternehmens mit sozialer Verantwortung« oder eines »ökologischen Kapitalismus« – eines Kapitalismus, der die Werte der natürlichen Systeme und Ressourcen mit einbezieht, eine Vorstellung, die vor allem mit Herman Daly in Verbindung gebracht wird. Diese Sichtweisen können natürlich den Blickwinkel erweitern. Aber allzu oft stehen sie auch für unliebsame Allianzen, nicht für echte, auf einen bestimmten Zweck ausgerichtete Bündnisse. Öko-Effektivität sieht die Wirtschaft als eine Veränderungsmaschinerie und weiß ihre Notwendigkeit, schnell und produktiv zu funktionieren, zu schätzen. Aber sie erkennt auch, dass die Wirtschaft, wenn sie ökologische, soziale und kulturelle Belange außer Acht lässt, eine unglaubliche Tragödie herbeiführen wird, indem sie wertvolle natürliche und menschliche Ressourcen auf Generationen hinaus zerstört. Die Öko-Effektivität schätzt die Wirtschaft *und* das Gemeinwohl, in dem sie wurzelt.

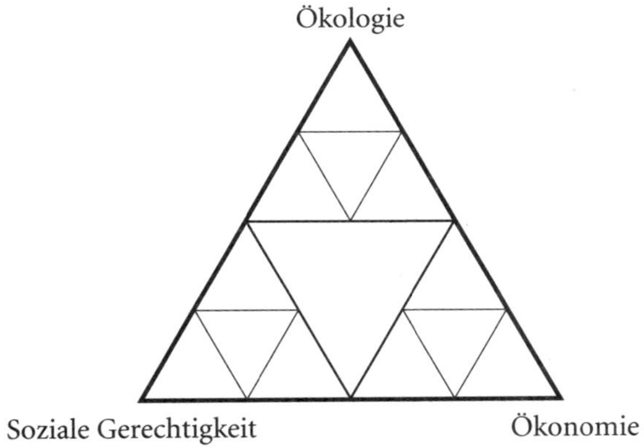


Um den abstrakten Prozess der Verbindung der verschiedenen Ansätze zu veranschaulichen, haben wir ein Instrument entworfen, das uns erlaubt, das Verhältnis eines vorgeschlagenen Designs zu einer Vielzahl von Faktoren, wie etwa jenen, die wir in diesem Kapitel diskutiert haben, in Begriffe zu fassen und kreativ zu untersuchen. Es basiert auf einem Fraktal, einer Form ohne erkennbaren Maßstab, die aus lauter einander ähnlichen Formen zusammengesetzt ist.[7] Dieses Instrument erlaubt es uns, die Fragen von Menschen, die eindeutig dem einen oder anderen Sektor (etwa der Wirtschaft) zuneigen, in den Gesamtkontext einzuordnen und ihren Stellenwert anzuerkennen.

Das Fraktal ist ein Werkzeug, kein Symbol, und wir haben es aktiv auf unsere eigenen Projekte angewandt, die vom Entwurf einzelner Produkte, Gebäude und Fabriken bis hin zu Auswirkungen auf ganze Städte und sogar Länder reichen. Wenn wir ein Produkt oder ein System planen, bewegen wir uns um das Fraktal herum, stellen Fragen und suchen nach Antworten.

Die untere rechte Ecke repräsentiert das, was wir Ökonomie/Ökonomie nennen. Hier sind wir im Reich eines absolut reinen Kapitalismus, und zu den Fragen, die wir stellen, könnte etwa gehören: Kann ich mein Produkt oder meine Dienstleistung profitabel herstellen oder anbieten? Wir erklären unseren Kunden aus der Wirtschaft, dass sie die Finger davon lassen sollen, wenn die Antwort »Nein« lautet. Unserem Verständnis nach ist es die Aufgabe des Unternehmens, im Geschäft zu bleiben, während es sich transformiert. Ein Unternehmen muss einen Gewinn für die Gesellschafter oder Aktionäre liefern und seinen Wert steigern – aber nicht auf Kosten der Gesellschaftsstruktur und der Umwelt. Wir könnten des Weiteren fragen: Wie viel müssen wir den Menschen bezahlen, um unser Produkt auf den Markt zu bringen und Gewinne zu machen? Wenn unsere Kunden in dieser Ecke festsitzen – im Griff eines Ismus (des reinen Kapitalismus) –, überlegen sie vielleicht, ob sie die Produktion an einen Ort verlegen sollten, wo Arbeit und Transport so billig wie nur möglich sind, und beenden die Diskussion schon an diesem Punkt.

Wenn sie allerdings einen tragfähigeren Ansatz wollen, machen wir weiter. Wir gehen über zum Sektor Ökonomie/Gerechtigkeit, wo wir Fragen des Geldes und der Fairness behandeln müssen: Verdienen die Arbeitnehmer zum Beispiel genug, um davon zu leben? (Auch hier ist die Nachhaltigkeit lokal: Ein Verdienst, mit dem man auskommen kann, ist unterschiedlich hoch, je nachdem, wo man lebt. Aus unserer Perspektive ist es so viel, dass man davon eine Familie ernähren kann.) Wenn wir zum Sektor Gerechtigkeit/Ökonomie übergehen, bewegt sich der Schwerpunkt eher zur Fairness hin, so dass wir die Wirtschaft gewissermaßen durch die Brille der Gerechtigkeit sehen. Hier könnten wir fragen: Bekommen Männer und Frauen den gleichen Lohn für die gleiche Arbeit? Und in der äußersten Gerechtigkeitsecke sind die Fragen rein sozialer Art – gehen die Menschen respektvoll miteinander um? –, ohne dass Ökologie oder Ökonomie einbezogen werden; hier können wir Themen wie Rassismus oder Sexismus diskutieren.

Wenn wir zur Ökologie-Ecke des Gerechtigkeitssektors kommen, dann verschiebt sich der Schwerpunkt wieder: Noch steht die Gerechtigkeit im Vordergrund, aber zusätzlich kommt die Ökologie ins Bild. Hier könnte die Frage so aussehen: Ist es fair, Arbeiter oder Konsumenten Giftstoffen am Arbeitsplatz oder in den Produkten auszusetzen? Ist es fair, Angestellte in Büros unterzubringen, in denen undefinierte Materialien ausgasen, und sie damit möglichen Gesundheitsrisiken auszusetzen? Wir könnten zudem fragen: Wie wird sich dieses Produkt auf die Gesundheit zukünftiger Generationen auswirken? Und wenn wir dann zum Sektor Ökologie/Gerechtigkeit weitergehen, könnten wir die Auswirkungen der Produktion betrachten, nicht nur am Arbeitsplatz oder zu Hause, sondern im Hinblick auf das gesamte Ökosystem: Ist es fair, einen Fluss zu verschmutzen oder die Luft zu vergiften?

Jetzt wenden wir uns ganz dem Sektor Ökologie zu: Gehorchen wir den Gesetzen der Natur? Ist Abfall Nahrung? Nutzen wir die gegenwärtige Sonneneinstrahlung? Erhalten wir nicht nur unsere eigene Art, sondern alle Tier- und Pflanzenarten? (Die Ismus-Position in dieser Ecke wäre: die Erde zuerst, ein Dogma der *deep ecology*, ein ökologischer Fundamentalismus; man soll die Umwelt schützen, ohne sich Gedanken um Gerechtigkeit und Ökonomie zu machen.) Dann geht es weiter zum Sektor Ökologie/Ökonomie, wo das Geld wieder auf den

Plan tritt: Ist unsere ökologische Strategie auch ökonomisch fruchtbar? Wenn wir ein Gebäude entwerfen, das durch Nutzung der Sonneneinstrahlung mehr Energie produziert, als es selbst verbraucht, lautet die Antwort »Ja«.

Und schließlich der Sektor Ökonomie/Ökologie: Aus diesem Sektor kommt die Öko-Effizienz, hier finden wir die Menschen, die versuchen, »weniger schlecht« zu sein, mehr mit weniger zu produzieren, während sie doch weiterhin im bestehenden ökonomischen Paradigma arbeiten. Dennoch ist die Öko-Effizienz ein wertvolles Instrument, um den breiteren öko-effektiven Ansatz zu optimieren.

## Die Triple-Top-Linie

Die konventionellen Designkriterien bilden drei Säulen: Kosten, Ästhetik und Funktionalität. Können wir davon profitieren?, fragt das Unternehmen. Wird der Kunde es attraktiv finden? Und wird es funktionieren? Vorreiter der »nachhaltigen Entwicklung« nutzen gerne einen »Triple-Bottom-Linie«-Ansatz, der auf den drei Prinzipien Ökologie, Gerechtigkeit und Ökonomie basiert.[8] Dieser Ansatz hatte einen wichtigen positiven Effekt auf Versuche, Nachhaltigkeitsüberlegungen in die Verantwortlichkeit des Unternehmens einzubringen. Aber in der Praxis stellen wir fest, dass er sich oft nur auf wirtschaftliche Überlegungen konzentriert und soziale und ökologische Vorteile nur nachgeordnet sind, statt von Anfang an gleiches Gewicht zugesprochen zu bekommen. Unternehmen berechnen ihre konventionelle ökonomische Profitabilität und addieren das dazu, was sie als die sozialen Vorzüge wahrnehmen, vielleicht mit geringen Zugeständnissen in Sachen Umweltschutz – weniger Emissionen, weniger Stoffe, die auf der Deponie landen, weniger Materialien im Produkt selbst. Mit anderen Worten, sie bewerten ihre Gesundheit, wie sie es immer getan haben – ökonomisch –, und sammeln dann Bonuspunkte für Öko-Effizienz, weniger Unfälle oder Produkthaftungsfälle, zusätzliche Arbeitsplätze und Philanthropie.

Wenn Unternehmen nicht die »Triple-Bottom-Linie«-Analyse als strategisches Gestaltungsinstrument nutzen, lassen sie eine günstige Gelegenheit aus. Wirklich überwältigende Resultate stellen sich aber ein, wenn die Industrie mit allen diesen Fragen beginnt und sie von Anfang an als »Triple-Top-Linie«-Fragen ansieht, statt sich ihnen erst im Nachhinein zu widmen. Als ein Gestaltungsinstrument erlaubt das Fraktal dem Planer, Werte in allen drei Sektoren zu schaffen. Oft stellt sich heraus, dass ein Projekt, das mit dezidierten Bemühungen in den Bereichen Ökologie oder Gerechtigkeit (Wie schaffe ich einen Lebensraum? Wie schaffe ich Jobs?) beginnt, finanziell unglaublich produktiv ist in einer Weise, die man aus einer rein ökonomischen Perspektive heraus nie für möglich gehalten hätte.

Außerdem sind diese Kriterien nicht die einzig möglichen. Ganz oben auf unseren eigenen Listen steht Freude: Bereitet das Produkt Vergnügen, nicht nur bei der Benutzung, sondern auch bei der Entsorgung? In einem Gespräch mit Michael Dell, dem Gründer von Dell Computers, stellte Bill einmal fest, dass die Elemente, die wir zu den grundlegenden Unternehmenskriterien Kosten, Funktionalität und Ästhetik hinzufügen – ökologische Intelligenz, Gerechtigkeit und Freude –, Thomas Jeffersons »Leben, Freiheit und Streben nach Glück« entsprechen. Ja, antwortete Dell, merkte aber an, dass wir eine besonders wichtige Überlegung ausgelassen hätten: die Bandbreite.

## Eine industrielle Re-Evolution

Gestaltung von Produkten, die die Vielfalt auf allen Ebenen, die wir diskutiert haben, wirklich fördert, stößt einen Prozess der *industriellen Re-Evolution* an. Unsere Produkte und Prozesse können besonders effektiv sein, wenn sie voller Informationen und Reaktionen sind – wenn sie der lebendigen Welt so weit wie möglich ähneln. Einfallsreich konstruierte Maschinen, die die Mechanismen der Natur statt aggressiver Chemikalien, Beton oder Stahl benutzen, sind ein Schritt in die richtige Richtung, aber sie sind immer noch *Maschinen* – immer noch ein Weg, Technik (allerdings positive Technik) einzusetzen, um die Natur den menschlichen Zwecken und Zielen nutzbar zu machen. Gleiches könnte man auch von unserer zunehmenden Nutzung der Cyber-, Bio- und Nanotechnologie sagen, um die Funktionen von Chemikalien und roher Gewalt zu ersetzen. Die neuen Technologien schaffen nicht von sich aus neue industrielle Revolutionen; wenn wir ihren Kontext nicht ändern, sind sie einfach hypereffiziente Maschinen, die das Dampfschiff der ersten industriellen Revolution zu neuen Ufern treiben.

Noch heute basieren die meisten Ansätze der Umweltschützer auf der Vorstellung, dass Menschen unausweichlich die Natur zerstören und deshalb gezügelt und gebremst werden müssen. Selbst die Idee des »natürlichen Kapitals« charakterisiert die Natur als ein Instrument, das wir zu unserem Vorteil einsetzen können. Dieser Ansatz hatte vielleicht vor zweihundert Jahren Gültigkeit, als unsere Spezies ihre industriellen Systeme entwickelte, aber jetzt muss er dringend neu überdacht werden. Sonst sind wir auf Anstrengungen beschränkt, die Zerstörung der natürlichen Umwelt zu verlangsamen, während wir das gegenwärtige industrielle System der Produktion und des Konsums noch ein paar hundert Jahre am Leben erhalten. Mit dem menschlichen Erfindergeist und technischem Fortschritt könnten wir uns vielleicht sogar lebenserhaltende Systeme für die Zeit nach dem völligen Niedergang der natürlichen Welt schaffen. Aber wie spannend ist Nachhaltigkeit? Wenn ein Mann die Beziehung zu seiner Frau als nachhaltig bezeichnen würde, dann müsste man beide wirklich bedauern.

Natürliche Systeme entnehmen ihrer Umwelt etwas, aber sie geben auch etwas zurück. Der Kirschbaum lässt seine Blüten und Blätter fallen, verdunstet Wasser und produziert Sauerstoff; die Ameisenkolonie verteilt die Nährstoffe wieder überall im Boden. Wir können ihrem Beispiel folgen und eine inspirierendere Beziehung – eine Partnerschaft – mit der Natur aufbauen. Wir können Fabriken bauen, deren Produkte und Nebenprodukte das Ökosystem mit verrottendem Material nähren und technische Materialien recyceln, statt sie zu verklappen, zu verbrennen oder zu vergraben. Wir können Systeme entwickeln, die sich selbst regulieren. Statt die Natur als reines Werkzeug für menschliche Ziele zu benutzen, können wir alles daran setzen, Werkzeuge der Natur zu werden, die auch ihren Zielen dienen. Wir können die Fruchtbarkeit in der Welt feiern, statt auf einem Weg des Denkens und Handelns voranzuschreiten, der diese Fruchtbarkeit ausradiert. Und es kann viele von uns und von den Dingen, die wir herstellen, geben, weil wir das richtige System – ein kreatives, gedeihendes, intelligentes, fruchtbares System – haben, und so werden wir wie die Ameisen »effektiv« sein.

# 6. Die Umsetzung von Öko-Effektivität

Im Mai 1999 gab William Clay Ford jr., Chef der Ford Motor Company und Urenkel des Gründers Henry Ford, etwas Unerhörtes bekannt: Fords riesige Fabrik River Rouge in Dearborn, Michigan, eine Ikone der ersten industriellen Revolution, würde für 2 Milliarden Dollar zu einer Ikone der nächsten industriellen Revolution umgebaut werden.

Henry Ford selbst hatte das Sumpfgelände damals gekauft, und etwa Mitte der zwanziger Jahre des 20. Jahrhunderts verließen die ersten Autos die Fabrik. In den nächsten Jahrzehnten wurde River Rouge einer der größten Industriekomplexe des Planeten und erfüllte Fords Traum von einer stetig wachsenden, vertikal integrierten Anlage, die ein Auto von Anfang bis Ende herstellte. Kohle, Eisenerz, Gummi und Sand wurden auf Schiffen von den Großen Seen herangebracht. Hochöfen, Schmelzöfen, Walz- und Hammerwerke arbeiteten rund um die Uhr, um die nötigen Materialien zu liefern. In Zusammenarbeit mit seinem Architekten Albert Kahn überwachte Ford die Planung von Kraftwerken, Karosseriewerkstätten, Montagehallen, Werkzeugfabriken, einer Vielzahl von Halden, Lagerhäusern, Fabriken und dazugehöriger Infrastruktur.

»The Rouge« galt als ein Wunder der Arbeitsplanung und Größe und als ein Wahrzeichen der modernen Industrie. Während der Weltwirtschaftskrise machte sich die Fabrik sogar daran, gebrauchte Autos wieder auseinander zu nehmen. Ein »Demontageband« wurde aufgebaut, an dem Arbeiter bei jedem einzelnen Auto den Kühler, das Glas, die Reifen und die Sitze ausbauten, während es sich auf dem Band vorwärtsbewegte, bis die stählerne Karosserie und das Fahrgestell in eine riesige Presse fielen.[1] Zugegebenermaßen war dies ein primitiver Prozess, getrieben eher von schierer Not als von ausgeklügelter Planung, aber es war eine glänzende Illustration unseres Mottos »Abfall ist Nahrung« und ein früher Schritt hin zu einer Wiederverwendung industrieller Materialien. Schließlich beanspruchte The Rouge mehrere hundert Hektar und beschäftigte mehr als hunderttausend Menschen. Es wurde zum beliebten Touristenziel und inspirierte sogar zeitgenössische Künstler. In seinen Fotos und Gemälden des Geländes hielt Charles Sheeler das Wesen eines rationalen amerikanischen Produktionssystems fest. Der Maler Diego Rivera verewigte die Fabrik aus der Perspektive des Arbeiters in seinen verblüffenden Wandgemälden, die im Detroit Institute of the Arts zu sehen sind.

Gegen Ende des Jahrhunderts sah man den Anlagen ihr Alter dann deutlich an. Obwohl der Mustang von Ford immer noch dort produziert wurde, war die Zahl der Beschäftigten durch Verkauf von Firmenteilen, Automatisierung und reduzierte Integration auf unter siebentausend gesunken. Im Laufe der Jahre war die Infrastruktur der Fabrik immer schlechter geworden. Ihre technische Ausstattung war veraltet – die Autoproduktion zum Beispiel war ursprünglich auf die Fließbandmethode ausgerichtet, bei der Teile von Stockwerk zu Stockwerk hinunterwanderten und schließlich im Erdgeschoss in ein fertiges Auto eingebaut wurden. Die jahrzehntelange Nutzung hatte sich auf Boden und Wasser ausgewirkt. Größere Teile der Anlage waren zu Altlast und Industriebrache geworden.

Die Ford Motor Company hätte leicht den Weg ihrer Konkurrenten einschlagen können: die Anlage schließen, einzäunen und eine neue Fabrik irgendwo errichten, wo das Land sauber, billig und leicht zu erschließen ist. Stattdessen wollte man eine Produktionsstätte in The Rouge aufrechterhalten. 1999 trieb

William Clay Ford jr. in seiner neuen Funktion als Konzernchef dieses Engagement noch einen Schritt weiter. Er schaute sich die rostenden Röhren und Schrotthaufen an und nahm die Herausforderung (und die Verantwortung) an, daraus wieder eine lebendige Umwelt zu machen. Statt das alte Durcheinander zurückzulassen und irgendwo anders neu anzufangen (weiterzuziehen »wie ein Heuschreckenschwarm«, wie ein Angestellter es ausdrückte), beschloss Ford, seinem Unternehmen dabei zu helfen, an diesem Standort »eingeboren« zu werden.

Kurz nach seiner Ernennung zum Konzernchef hatte Ford sich mit Bill getroffen, um sich über das öko-effektive Denken zu informieren. Aus einem kurzen Treffen wurde ein ganzer Nachmittag mit angeregten Diskussionen, und schließlich brachte Ford Bill in sein gerade im Bau befindliches neues Büro im zwölften Stock, von wo aus sie The Rouge aus der Ferne überblicken konnten. Glaubte Bill wirklich, sie könnten die Prinzipien, über die sie eben geredet hatten, auf dieses Gelände anwenden – über Recycling und »Effizienz« hinausgehen und etwas wirklich Neues und Inspirierendes schaffen? Im Mai 1999 bat Ford Bill offiziell, den Totalumbau von The Rouge zu leiten.

Zunächst einmal wurde in einem ersten Schritt ein »Rouge Room« im Basement des Unternehmenssitzes eingerichtet, wo sich das Planungsteam – Repräsentanten aller Abteilungen wie auch Außenstehende, Chemiker, Toxikologen, Biologen, Experten für Genehmigungsverfahren und Gewerkschaftsvertreter – treffen konnte. Ihre erste Aufgabe bestand darin, eine Liste mit Zielen, Strategien und Bewertungskriterien für den Prozess aufzustellen, aber sie brauchten einfach auch eine Umgebung, die ihren Denkprozess sichtbar machte und sie ermutigte, komplizierte Fragen zu stellen. Die Wände waren tapeziert mit Arbeitsunterlagen unter riesigen Überschriften, so dass jeder, der hier vorbeikam, sehen konnte, was an sozialen, wirtschaftlichen und ökologischen Standards angedacht war, um die Qualität der Luft, des Lebensraums, der Gemeinschaft, des Energieverbrauchs, der Beziehungen zwischen den Beschäftigten, der Architektur und nicht zuletzt der Produktion zu bewerten. Hunderte Angestellte besuchten den Rouge Room während des Prozesses in strukturierten Besprechungen oder einfach, um sich – auch zu anderen Zwecken – an einem Ort zu treffen, der von so vielen neu artikulierten Absichten des Unternehmens geprägt war.

Aus bitterer Erfahrung legte der Konzern größten Wert auf finanzielle Sicherheit. Henry Ford war im Zweiten Weltkrieg nur knapp am Bankrott vorbeigeschrammt und hatte schwer arbeiten müssen, um das Unternehmen wieder auf die Beine zu bringen. Seitdem ist die Kapitalsicherung ein fester Orientierungspunkt für alles, was das Unternehmen tut – jede Investition muss Gewinn abwerfen. Aber das Team hatte völlige Freiheit, innovative Ansätze zur Mehrung des »shareholder value« zu entwickeln, und der konventionelle Entscheidungsprozess des Unternehmens sollte nach dem fraktalen Instrument geformt werden, das wir in Kapitel 5 diskutiert haben.

Sobald William Ford einmal die Tür zu einem neuen Denken aufgestoßen hatte, begannen Hunderte von Beschäftigten aus allen Abteilungen des Konzerns – Produktion, Management entlang der Produktionslinie, Einkauf, Finanzen, Design, Umweltschutz, Qualitätssicherung und Forschung und Entwicklung (nicht nur in der River-Rouge-Fabrik) –, ihre Ideen einzubringen. Natürlich waren interne Vorbehalte zu überwinden, ein tief sitzender Skeptizismus, der umweltfreundliche Strategien bestenfalls von den wirtschaftlichen Aspekten abgekoppelt und schlimmstenfalls als inhärent unökonomisch betrachtete. Ein Ingenieur platzte anfangs einmal in eine Besprechung hinein und sagte: »Ich bin nicht hier, um mit einem Öko-Architekten über Öko-Architektur zu reden. Ich höre, Sie wollen überall in der Fabrik Dachfenster einbauen. Und ich höre, Sie wollen die Dächer mit Gras bepflanzen, und hier bei Ford schwärzen wir jedes Dachfenster. Warum bin ich also hier?« (Er wurde später zu einer treibenden Kraft des Projekts.) Das wissenschaftliche Establishment des Konzerns wirkte manchmal »wie eine Festung mit einem riesigen Graben drum herum«, um einen innovationsfreudigen Wissenschaftler aus dem Unternehmen zu zitieren. Aber er fügte auch hinzu: »Wenn es keine Auseinandersetzung um diese Sache gäbe, dann wäre sie schon von vornherein nicht besonders wichtig.«

Ford war schon einzigartig unter den Automobilherstellern, weil unter dem damals für Umwelt und Sicherheitstechnik zuständigen Tim O'Brien (und mit William Fords Einfluss in seiner früheren Funktion als Mitglied des Umweltkomitees) alle Fabriken des Konzerns Umwelt-Zertifizierungen nach den International Standards of Organization (ISO) hatten und somit nicht nur ihre Fähigkeit, die Qualität ihrer Produkte nach den gängigen Maßstäben zu überwachen, sondern auch ihre Umweltkompetenz belegten. Das Unternehmen war noch weiter gegangen und hatte dieses auch von seinen Zulieferern verlangt. Die ISO-Zertifizierung diktierte, dass das Unternehmen eine aktive Untersuchung umweltrelevanter Belange und Probleme vornahm, statt sich lediglich auf die Gesetzgebung zu verlassen.

Wie Tim O'Brien selbst darlegte, handeln die meisten Unternehmen mit alten Produktionsstätten wie The Rouge nach dem Motto: »Was ich nicht weiß, macht mich nicht heiß«. Sie untersuchen ihre Gelände lieber nicht allzu genau, weil jedes Problem, auf das sie stoßen, sofort eine Handlungsverpflichtung (und womöglich ein paar Prozesse) nach sich ziehen könnte. Wenn sie wirklich eine Kontaminierung feststellen (oder dazu gezwungen werden, sie einzuräumen), dann entfernen sie üblicherweise den kontaminierten Boden und vergraben ihn an einem sicheren Ort, in Übereinstimmung mit den Bestimmungen der Umweltschutzbehörden. Solche Vorgehensweisen sind vielleicht effizient, aber sie sind teuer und verlagern die Probleme nur zusammen mit dem Boden.

Das Designteam bei Ford sagte: »Gehen wir vom Schlimmsten aus.« Als es feststellte, dass es tatsächlich Kontaminierungen auf dem Gelände mehrerer Werke gab, verhandelte Ford mit der Regierung darüber, einen neuen Weg bei der Behandlung der Böden ausprobieren zu dürfen. Sie würden nur die oberste Bodenschicht abnehmen und vergraben, die tieferen Schichten dann säubern. Sie hatten sich mit innovativen Säuberungsmethoden wie Phyto- und Mykoremediation auseinander gesetzt – Prozessen, bei denen Grünpflanzen bzw. Pilze eingesetzt werden, um dem Boden Giftstoffe zu entziehen. Von der Konzeption im Rouge Room bis zur Umsetzung im Gelände wird der Prozess in positive, aktive Begriffe gefasst – nicht »Saubermachen« zum Beispiel, sondern »gesunden Boden schaffen«. Bei der Phytoremediation wird nicht nur auf die Gift abbauende Wirkung Wert gelegt, sondern auch darauf, heimische Pflanzen einzusetzen. Die Gesundheit des Geländes wird nicht nach den minimalen Standards der Behörden gemessen, sondern mit Achtung vor den Dingen, wie etwa nach der Zahl der Regenwürmer pro Kubikmeter Boden, der Artenvielfalt der Vögel und Insekten auf dem Land, der Wasserlebewesen im nahen Fluss und der Attraktivität des Geländes für die Anwohner. Die Arbeit wird von einem überzeugenden Ziel geleitet: ein Fabrikgelände zu schaffen, auf dem die Kinder der Angestellten gefahrlos spielen könnten.

Als das Unternehmen sich mit seiner neuen Produktionsagenda der Nachhaltigkeit beschäftigte, fand es immer mehr Ansätze, die Umweltverträglichkeit zu verbessern, ohne den finanziellen Rahmen zu sprengen, und diese Erfolge rechtfertigten dann die Arbeit an ehrgeizigeren Herausforderungen des Umweltschutzes. Regenwassermanagement und -qualität waren ein guter Anfang, denn oft sieht man darüber hinweg und denkt, beides sei billig zu haben. Aber Ford stellte fest, dass das Regenwassermanagement ziemlich teuer werden könnte; die sich aus dem Gesetz zur Wasserreinhaltung ergebenden Bestimmungen erforderten neue Betonröhren und Aufarbeitungsanlagen, die das Unternehmen bis zu 48 Millionen Dollar kosten sollten. Stattdessen wird die neue Anlage bei ihrer Fertigstellung Gründächer haben, die bis zu 50 Millimeter Regenwasser festhalten, und Parkplätze mit Lochsteinen, die ebenfalls Wasser aufnehmen und speichern. Dann wird das Regenwasser in einen künstlichen Sumpf sickern und dort durch Pflanzen, Mikroben, Pilze und andere Lebewesen gereinigt werden. Aus diesem Sumpf wird das klare und saubere Wasser durch Gräben voller heimischer Pflanzen in den Fluss geleitet werden. Das Regenwasser wird drei Tage brauchen, um in den Fluss zu gelangen, statt wie bisher sofort in einem einzigen gewaltigen, schmutzigen Schwall hineinzuströmen, der schnelle, drastische Maßnahmen erforderlich macht. Statt einfach eine enorme unsichtbare Verpflichtung zu sein, wird das Regenwassermanagement als ein sichtbarer und erfreulicher Aktivposten behandelt. Der öko-effektive Ansatz säubert das Wasser und die Luft, liefert Lebensraum, steigert die Schönheit der Landschaft und spart zudem noch ziemlich viel Geld – einer Schätzung nach bis zu 35 Millionen Dollar.

Die Neugestaltung der Produktionsanlagen spiegelt den Einsatz des Unternehmens für soziale Gerechtigkeit ebenso wider wie den für die Ökologie und die wirtschaftlichen Ziele. Die alte Fabrik war dunkel, dumpf und unangenehm geworden. Arbeiter zogen sich alte Schuhe an, wenn sie die Fabrik betraten, und wechselten sie abends wieder, wenn sie nach Hause gingen. Im Winter sahen sie die Sonne manchmal wochenlang nur am Wochenende. Das Unternehmen ist sich der Tatsache bewusst, dass ein angenehmer Arbeitsplatz eine kreative, vielfältige und produktive Belegschaft anzieht. Nachdem das Ford-Team die Herman-Miller-Fabrik besichtigt hatte, die Bills Architekturbüro in Michigan gebaut hatte, war es überzeugt: Die neue Anlage würde Tageslicht bekommen – sogar die Cafeteria, damit die Arbeiter auch bei einer kurzen Pause das Tageslicht genießen können –, genau wie Henry Fords erste Fabriken in einem Zeitalter weniger leistungsfähiger elektrischer Systeme. Sie würde hohe Decken bekommen, viele unverbaute Aussichten und (als Sicherheitsmaßnahme) Büros und Besprechungsräume in einem Zwischengeschoss, um das Unfallrisiko zu verringern. Das Team übernahm auch Tom Kisers Verständnis des Gebäudes als eines riesigen Kamins – und seinen Ansatz, lieber die Menschen im Gebäude zu wärmen oder zu kühlen als das Gebäude selbst (siehe Kapitel 5).

Ford versteht River Rouge als ein Labor, in dem das Unternehmen Ideen testen kann, die sich vielleicht bei der Neugestaltung von Produktionsstätten weltweit umsetzen lassen. Wenn man etwa bedenkt, dass allein dieser Konzern weltweit fast 20 Millionen Quadratmeter Dachfläche besitzt, könnten erfolgreiche Innovationen schnell in einem die Branche verändernden Maßstab umgesetzt werden. Die spezifischen Lösungen müssen allerdings aus den lokalen Gegebenheiten resultieren und zu ihnen passen. Ein Gründach könnte in St. Petersburg, Florida, funktionieren, nicht aber im russischen St. Petersburg. Schon die Arbeit an River Rouge hat zu einer Überprüfung anderer Ford-Fabriken geführt hinsichtlich der Frage, wo Windräder und Sonnenkollektoren wirtschaftlich sinnvoll sein könnten, wenn sie als Serviceprodukte im Rahmen eines Gesamtenergiekonzepts verstanden würden. Das Unternehmen verfolgt die übergeordnete Absicht, an jedem Ort zum Eingeborenen zu werden. Aus dieser Absicht ergeben sich lokale Lösungen, die andernorts angenommen und angepasst werden, falls sie angemessen erscheinen, dabei ständig überarbeitet und verbessert werden und so zu einem tief greifenden Veränderungsprozess führen, der irgendwann vielleicht jeden Aspekt dessen umfasst, was der Konzern macht und wie er es produziert, vermarktet, verkauft und wiederverwendet. Eine umgestaltete Automobilfabrik mag schließlich auf eine ganz neue Vorstellung davon hinauslaufen, was ein Auto überhaupt ist. Es wird seine Zeit dauern, bis eine so große Branche mit einer so komplexen Infrastruktur sich verändert hat, aber vielleicht werden wir noch die ersten *Demontagebänder* dort sehen, wo einst die ersten modernen Montagebänder arbeiteten.

## Fünf Schritte zur Öko-Effektivität

Wo setzt ein Unternehmen wie Ford – mit seiner langen, bekannten Geschichte, seiner gewaltigen Infrastruktur, seiner großen Zahl von Beschäftigten, die bestimmte Arbeitsabläufe gewohnt sind – an, wenn es sich selbst neu gestalten will? Lange bewährte Arbeits-, Design- und Entscheidungsstrukturen kann man nicht einfach vom Tisch wischen (und das ist auch nicht unbedingt erstrebenswert). Für den Ingenieur, der immer von einem traditionellen, linearen Lebensweg eines Produkts von der Wiege bis zur Bahre ausgegangen ist, sich auf Einheitsinstrumente und -systeme konzentriert hat – worauf er ja auch sein ganzes Leben lang trainiert wurde – und Materialien, Chemikalien und Energie so einsetzen möchte, wie er es immer getan hat, kann der Übergang zu neuen Modellen und einem vielfältigeren Input beunruhigend sein. Im Angesicht drängender Termine und Verpflichtungen können solche Veränderungen unangenehm und belastend und bedrohlich, ja sogar erdrückend wirken. Aber wie schon Albert Einstein festgestellt hat: Wenn wir die Probleme, die uns quälen, lösen wollen, dann muss sich unser Denken über die Stufe hinausentwickeln, die wir erreicht hatten, als wir diese Probleme schufen.

Zum Glück für die menschliche Natur beginnt der Wandel in den meisten Fällen mit einem bestimmten Produkt, System oder Problem und wächst allmählich, getrieben von einem Bestreben, öko-effektive Prinzipien umzusetzen. Bei unserer Arbeit haben wir Unternehmen aller Größen, Typen und Kulturen bei diesem spannenden Übergangsprozess beobachtet, und wir hatten reichlich Gelegenheit, ihre Schritte zu begleiten, während sie ihr Denken und Handeln im Dienst einer öko-effektiven Vision umstellten.

### Schritt 1: *Befreien* Sie sich und die Produkte von bekannten Schadstoffen

Die meisten Individuen und Industriebetriebe verabschieden sich in einem ersten Schritt allmählich von Substanzen, die allgemein als schädlich eingestuft werden. Wir sind es so gewohnt, zu hören, dass Produkte als »phosphatfrei«, »bleifrei« oder »ohne Duftstoffe« angepriesen werden, dass dieser Ansatz uns ganz natürlich erscheint. Aber machen Sie sich einmal klar, wie seltsam diese Definition eigentlich ist. Stellen Sie sich vor, wie Ihre Gäste reagieren würden, wenn Sie nicht über das alte Familienrezept, das Sie so liebevoll zubereitet haben, und über die Zutaten, die Sie mit so viel Mühe besorgt haben, sprächen, sondern stolz verkünden würden, dass das Essen »arsenfrei« ist.

Es ist wichtig, sich die potenzielle Absurdität des Ansatzes und die weniger sichtbaren Probleme, die er vielleicht verdeckt, vor Augen zu führen. Das Reinigungsmittel mag vielleicht »frei von« Phosphaten sein, aber wissen wir, ob sie nicht vielleicht durch etwas noch Schlechteres ersetzt worden sind? Die Lösungsmittel, die konventionelle Druckfarben binden, werden aus problematischen Petrochemikalien gewonnen. Wenn man die Farben jedoch wasserlöslich macht, sind sie zwar »lösungsmittelfrei«, aber die Schwermetalle, die noch immer in der Farbe sind, gelangen dann vielleicht leichter ins Ökosystem. Denken Sie immer daran, dass eine positive Auswahl der Inhaltsstoffe eines Produkts und ihrer Kombination miteinander das Ziel ist.

Vor einigen Jahren wurden wir gebeten, für einen Nahrungsmittelkonzern einen chlorfreien Behälter zu entwickeln. Als wir ernsthaft über das Projekt nachdachten, entpuppte es sich eigentlich als schlechter Witz, weil uns plötzlich klar wurde, dass das »Freisein« von einer bestimmten Substanz ein Produkt nicht notwendigerweise gesund und sicher macht. Wie wir dargelegt haben, bedeutet die Entscheidung, Papierprodukte chlorfrei zu machen, den Einsatz von frischer Holzpulpe statt von Altpapier, und selbst dann wird sich etwas natürlich vorkommendes Chlor einschleichen. Mehr noch: Die Verpackung enthielt andere problematische Substanzen – sie hatte beispielsweise einen Überzug aus Polyurethan, und in den verwendeten Farben waren Schwermetalle –, aber diese Substanzen standen nicht auf der umweltpolitischen Hitliste der Menschen und mussten in der allgemeinen Öffentlichkeit erst noch als gefährlich wahrgenommen werden. (Unserer Ansicht nach hätte der Hersteller seine Verkäufe steigern und Geld und Mühe sparen können, indem er einfach verkündet hätte, die Verpackung sei »plutoniumfrei«!) Ironischerweise bekam der Nahrungsmittelproduzent schließlich seine chlorfreie Verpackung, nur um dann im Nahrungsmittel selbst Dioxine festzustellen.

Es gibt einige Substanzen, von denen man weiß, dass sie sich im Körper anreichern und derart offensichtliche Schäden anrichten, dass ein Verzicht auf sie praktisch immer ein produktiver Schritt ist. Wir nennen sie die X-Substanzen, und dazu gehören PVC, Kadmium, Blei und Quecksilber. Wenn man sich klar macht, dass das Quecksilber in den Thermometern, die jedes Jahr in den Vereinigten Staaten an Krankenhäuser und Konsumenten verkauft werden, auf insgesamt 4,3 Tonnen geschätzt wird, und man nur ein Gramm braucht, um die Fische in einem acht Hektar großen Teich zu kontaminieren, dann ist die Entwicklung eines quecksilberfreien Thermometers eine gute Sache. Es läuft gerade eine auch in den Medien präsente Kampagne, um Quecksilberthermometer aus dem Verkehr zu ziehen, aber man sollte sich vor Augen halten, dass für Thermometer in den Vereinigten Staaten nur etwa 1 Prozent des Quecksilbers verbraucht wird. Die bei weitem größte Menge wird für Industrieschalter verschiedenster Art eingesetzt. Einige wenige Automobilhersteller haben den Einsatz von Quecksilberschaltern in Autos allmählich auslaufen lassen – Volvo beschäftigt sich schon seit Jahren mit diesen Themen und plant auch den stufenweisen Ersatz von PVC –, aber das ist nicht die Mehrheit. Ein branchenweiter Verzicht auf Quecksilber für diesen Zweck ist aus unserer Sicht entscheidend.

Die Entscheidung, Produkte zu schaffen, die frei von eindeutig schädlichen Substanzen sind, ist der Anfang dessen, was wir einen »Designfilter« nennen: ein Filter im Kopf des Designers anstatt am Ende der Rohre. Auf dieser Ebene ist der Filter noch ziemlich grob – etwa gleichbedeutend mit der Entscheidung, nichts auf den Tisch zu bringen, was die Gäste krank machen könnte oder worauf sie, wie man weiß, allergisch reagieren, wenn man das Menü der Party plant. Aber es ist ein Anfang.

### Schritt 2: Folgen Sie begründet persönlicher Präferenz

Als Bill Anfang der achtziger Jahre das erste der so genannten grünen Büros für den Hauptsitz des Environmental Defense Fund plante, verschickte er Fragebögen an die Firmen, deren

Produkte er vielleicht einsetzen wollte, und bat sie, die Inhaltsstoffe ihrer Produkte genau aufzulisten. Die Antworten darauf ließen sich im Grunde so zusammenfassen: »Das ist Geschäftsgeheimnis. Es entspricht alles den gesetzlichen Bestimmungen. Lassen Sie uns in Ruhe.« Da also die Daten von den Herstellern selbst fehlten, mussten Bill und seine Kollegen sich auf der Grundlage ihrer beschränkten Informationen entscheiden. So beschlossen sie etwa, den Teppich zu nageln statt zu kleben, um die Menschen nicht den unbekannten Inhaltsstoffen und Wirkungen der verschiedenen Kleber auszusetzen. Sie hätten gern Kleber mit geringen oder ganz ohne Emissionen eingesetzt, die ein Recyceln des Teppichs möglich gemacht hätten, aber die gab es offenbar nicht. Ebenso wählten sie Farben auf Wasserbasis. Ihre Entscheidung für Vollspektrumlicht erforderte die Einfuhr von Leuchtmitteln aus Deutschland – sie wollten lieber diese Lichtqualität haben (und wussten, dass die Arbeiter sich dabei besser fühlen würden), aber sie wussten wenig über die Chemikalien in den Leuchten oder über die Umstände ihrer Produktion. Für diese und andere Designentscheidungen traf das Team eine Wahl auf der Grundlage der besten verfügbaren Informationen und auf der Grundlage ihres ästhetischen Urteilsvermögens. Es hätte keinen Sinn gehabt, unattraktive Dinge auszuwählen, nur weil sie umweltverträglicher waren – schließlich sollten sie ja keine hässliche Anlage bauen.

Als Bill sich in den siebziger und achtziger Jahren mit diesen Themen zu beschäftigen begann, sah er seine Aufgabe darin, die richtigen Dinge zu finden und zusammenzusetzen, und er glaubte, diese Dinge würde es schon irgendwo auf der Welt geben, er müsste nur herausfinden, was und wo sie waren. Aber es dauerte nicht lange, bis er feststellte, dass es nur wenige wirklich öko-effektive Komponenten für Architektur und Design gab, und allmählich wurde ihm klar, dass er zu ihrer Entstehung beitragen konnte. Als wir uns kennen lernten, hatte sich Michaels Denken in eine ähnliche Richtung entwickelt und der zukünftige Kurs unserer gemeinsamen Arbeit war klar.

Eigentlich stehen wir mitten auf einem riesigen Marktplatz voller weitgehend undefinierter Zutaten: Wir wissen wenig darüber, wie und woraus sie gemacht sind. Und das, was wir wissen, ist nicht gerade ermutigend; die meisten Produkte, die wir analysiert haben, entsprechen nicht wirklich öko-effektiven Designkriterien. Dennoch müssen wir *heute* Entscheidungen treffen, und der Designer steht vor der schweren Frage, welche Materialien wohl die brauchbarsten sind. In ein paar Stunden kommen die Gäste zum Essen und sie erwarten – und brauchen – eine Mahlzeit. Trotz des erstaunlich schmalen Angebots an gesunden, nahrhaften Zutaten und trotz des Geheimnisses, das, sagen wir, die genetisch veränderten Gemüse umgibt (um die Metapher noch weiter zu treiben), können wir das Kochen nicht verschieben, bis die Zutaten perfekt sind.

Sie könnten jetzt als persönliche Präferenz beschließen, Vegetarier zu werden (»frei von« Fleisch) oder kein Fleisch von Tieren zu essen, deren Futtermitteln Hormone zugesetzt wurden (eine weitere »frei von«-Strategie). Aber was ist mit den Zutaten, die Sie dann noch verwenden? Allein die Tatsache, dass man Vegetarier ist, heißt noch nicht, dass man genau erfährt, wie die Produkte, die man einsetzt, angebaut oder behandelt wurden. Man könnte den organisch gewachsenen Spinat dem konventionell angebauten vorziehen, aber ohne mehr über die Verpackungs- und Transportmethoden des Verarbeitungsbetriebs zu wissen, kann man nicht sicher sein, dass diese Entscheidung ungefährlicher und für die Umwelt besser ist, außer natürlich, man baut ihn selbst an. Aber wir müssen irgendwo anfangen, und es ist sehr wahrscheinlich, dass Sie, wenn Sie diese Gesichtspunkte bedenken und eigenen Präferenzen folgen, bei den Entscheidungen eine größere Öko-Effektivität erreichen, als wenn Sie gar nicht darüber nachgedacht hätten.

Bei vielen Entscheidungen im wirklichen Leben geht es im Grunde darum, zwischen zwei Dingen abzuwägen, die beide nicht unbedingt ideal sind, wie etwa im Fall des chlorfreien und des Recycling-Papiers. Vielleicht stehen Sie plötzlich vor der Wahl zwischen einem Stoff aus Fasern der Petrochemie und einem »völlig natürlichen« Baumwollstoff, der unter Einsatz großer Mengen von petrochemisch hergestellten Stickstoffdüngern und im Tagebau gewonnenen radioaktiven Phosphaten angebaut wurde, ganz zu schweigen von Insektiziden und Herbiziden. Und hinter dem, was man weiß, lauern noch weitere beunruhigende Fragen nach der sozialen Gerechtigkeit und weiteren ökologischen Verästelungen. Wenn man ständig zwischen Regen und Traufe wählen muss, reagiert man schnell hilflos und frustriert, und deshalb ist eine wirklich tief greifende Umgestaltung so entscheidend. Aber bis dahin gibt es Möglichkeiten, das Beste aus dem zu machen, was wir haben, und bessere Entscheidungen zu treffen.

*Bevorzugen Sie ökologische Intelligenz!*

Stellen Sie so weit wie möglich sicher, dass ein Produkt oder eine Substanz keine Inhaltsstoffe enthält oder Praktiken fördert, die ganz offensichtlich der Gesundheit des Menschen und der Umwelt schaden. Wenn unsere Architekten zum Beispiel an einem Gebäude arbeiten, könnten sie festlegen, dass sie lieber nachhaltig angebautes Holz verwenden. Ohne aufwändige Suche nach einzelnen Firmen, die angeblich solches Holz liefern, könnten Sie sich für Holz mit dem Gütesiegel des Forest Stewardship Council entscheiden. Wir haben den Wald nicht gesehen, in dem dieses Holz geschlagen wird, und wir wissen nicht, wie groß das Engagement der Produzenten in Sachen Nachhaltigkeit wirklich ist, aber wir haben uns auf der Grundlage dessen, was wir wissen, für das Produkt entschieden, und die Ergebnisse werden wahrscheinlich besser sein, als wenn wir gar nicht darüber nachgedacht hätten. Und wie Michael darlegt, verweist ein Produkt, das zum Beispiel »PVC-frei« ist oder das allgemein ganz offensichtlich umweltbewusst und mit Sorgfalt hergestellt wurde, auf einen Produzenten, der diese Probleme ernst nimmt.

Bei unserer Arbeit mit einem Automobilhersteller haben wir Materialien gefunden, die nachgewiesenermaßen einige wichtige positive Eigenschaften haben und ebenso nachgewiesenermaßen ohne einige sonst häufig auftretende Nachteile sind: Gummitypen und neue Polymere und Schaummetalle, »sicherere« Metalle wie etwa Magnesium, Beschichtungen und Farben, die keine Dioxine freisetzen. Ganz allgemein bevorzugen wir Produkte, die wieder zum Hersteller zurückgebracht und dort für die Wiederverwendung in der technischen Produktion demontiert werden können oder wenigstens in den industriellen Metabolismus auf einer niedrigeren Stufe wiedereingegliedert – also »downgecycelt« – werden. Gern optieren wir für chemische Produkte mit weniger Zusätzen, besonders mit weniger Stabilisatoren, Antioxidantien, antibakteriellen Substanzen und anderen »reinigenden« Lösungen, die allem und jedem von Kosmetika bis Farben zugesetzt werden, um die Illusion einer sauberen und gesunden Produktion zu schaffen. Dabei braucht eigentlich nur ein Chirurg einen solchen Schutz; ansonsten machen diese Inhaltsstoffe die Mikroorganismen nur resistent, während sie gleichzeitig noch unerforschte Auswirkungen auf die ökologische und menschliche Gesundheit haben. Da offenbar so wenige Dinge für den Einsatz in geschlossenen Räumen entwickelt wurden, achten wir insgesamt auf Inhaltsstoffe, die das Gesundheitsrisiko für die Menschen verringern – die zum Beispiel weniger ausgasen.

*Feiern Sie Vielfalt!*

Das Thema Vielfalt bildet das Herz eines öko-effektiven Designs, und obwohl man diese Eigenschaft nur schwer quantifizieren kann, zeigt sie sich auf vielen unterschiedlichen Ebenen, die teilweise vielleicht auch dem Designer auf der Suche nach dem richtigen Material zugänglich sind: Respekt vor jenen, die das Produkt herstellen, vor den Gemeinden in der Nähe der Produktionsstätten, vor denjenigen, die damit umgehen und es transportieren, und schließlich Respekt vor dem Konsumenten.

Letzteres ist besonders kompliziert, weil die Menschen auf dem Marktplatz ihre Entscheidungen – auch die so genannten umweltrelevanten Entscheidungen – oft nicht aus rationalen Gründen heraus treffen und sich leicht manipulieren lassen. Michael weiß dies aus erster Hand, aus einer Untersuchung, die er für Wella Industries, einen internationalen Hersteller von Haarpflege- und Kosmetikprodukten, durchgeführt hat. Wella wollte wissen, wie man die Menschen – durch Marketing und Verpackung – dazu bringen könnte, zu einer umweltfreundlichen Verpackung von Körperlotionen zu greifen. Eine kleine, aber signifikante Zahl von Konsumenten wählte die Lotion in einer völlig unattraktiven »Öko«-Verpackung, die im Regal direkt neben dem identischen Produkt in der üblichen Verpackung stand, aber die Zahl derer, die die »Öko«-Verpackung wählten, explodierte förmlich, als sie neben einer absolut übertriebenen »Luxus«-Verpackung desselben Produkts platziert wurde. Die Menschen entscheiden sich gern für Produkte, bei deren Kauf sie sich klug fühlen, und sie schrecken vor Produkten zurück, bei deren Kauf sie sich gedankenlos und unintelligent fühlen. Diese komplexen Motivationen geben den Herstellern eine gewisse Macht, die sie zum Guten wie zum Schlechten einsetzen können. Wir sollten uns unserer Motivationen bewusst sein, wenn wir Materialien auswählen, und wir können ebenso nach Materialien Ausschau halten, deren »Werbung«

ihren Eigenschaften wirklich entspricht – als ein Indikator eines breiteren Engagements in Bezug auf die Themen, die uns beschäftigen.

*Bevorzugen Sie Freude, Genuss und Spaß!*
Ein weiteres Element, das wir bewerten können – und vielleicht das offensichtlichste –, ist Freude oder Genuss. Es ist für ökologisch intelligente Produkte sehr wichtig, Vorreiter der menschlichen Ausdruckskraft zu sein. Sie können die besten Seiten der Designkreativität vermitteln, dem Leben Freude und Genuss schenken. Sicherlich können sie mehr leisten, als dem Verbraucher bei Entscheidungen, die nun einmal hier und jetzt getroffen werden müssen, irgendwelche Schuldgefühle einzuimpfen.

## Schritt 3: Erstellen Sie eine »passive, positive« Liste

Dies ist der Punkt, an dem Design wirklich allmählich öko-effektiv wird. Über die bereits vorhandenen, leicht verfügbaren Informationen etwa zu den Inhaltsstoffen eines bestimmten Produkts hinaus machen wir eine detaillierte Bestandsaufnahme aller Materialien, die bei einem bestimmten Produkt eingesetzt werden, und aller Substanzen, die es im Laufe seiner Herstellung und Benutzung vielleicht freisetzt. Gibt es problematische oder potenziell problematische Eigenschaften und wie sehen sie aus? Sind die Stoffe giftig? Krebs erregend? Wie wird das Produkt benutzt und wie sieht sein Endzustand aus? Welche (möglichen) Auswirkungen hat es auf lokale wie globale Gemeinschaften?

Einmal überprüft, werden die Substanzen in einer Art technischer Triage, die problematischen Substanzen ein größeres oder weniger großes Risiko zuweist, auf den folgenden Listen platziert:

*Die X-Liste.*
Wie schon erwähnt, stehen die problematischsten Substanzen auf der X-Liste – die fruchtschädigenden, genverändernden, Krebs erregenden oder sonst direkt und offensichtlich gesundheits- und umweltschädlichen Stoffe. Hier finden sich auch Substanzen, die unter dem dringenden Verdacht einer solchen schädigenden Wirkung stehen, selbst wenn dies noch nicht völlig bewiesen ist. Und hier sollte man sicher auch jene Materialien einordnen, die auf der Liste der vermuteten Karzinogene und anderen problematischen Substanzen (Asbest, Benzol, Vinylchlorid, Antimontrioxid, Chrom usw.) der International Agency for Research on Cancer (IARC) und auf der Liste der deutschen Kommission für Maximale Konzentration am Arbeitsplatz (MAK) stehen. Substanzen auf der X-Liste gelten als die höchsten Prioritäten für einen vollständigen Verzicht und – wenn notwendig und möglich – Ersatz.

*Die graue Liste.*
Auf der grauen Liste stehen problematische Substanzen, die nicht ganz so dringlich ersetzt werden müssen. Die Liste umfasst auch problematische Substanzen, die wesentlich für den Herstellungsprozess sind und für die wir gegenwärtig noch keine Ersatzstoffe haben. Kadmium zum Beispiel ist hochgiftig, aber im Moment wird es noch bei der Produktion von Photovoltaik-Sonnenkollektoren eingesetzt. Wenn diese als Serviceprodukte gemacht und vermarktet werden, bei denen der Hersteller die Besitzrechte an den Kadmiummolekülen als technischen Nährstoffen behält, könnten wir selbst dies als einen angemessenen, sicheren Einsatz des Materials betrachten – wenigstens solange wir das Design von Sonnenkollektoren nicht von Grund auf neu gestalten können. Andererseits ist das Kadmium im Zusammenhang mit Haushaltsbatterien – die in einer Müllkippe enden oder schlimmer noch durch eine »Abfall-zu-Energie«-

Verbrennungsanlage in die Luft gelangen können – eine weitaus problematischere Substanz.

*Die P-Liste.*
Dies ist unsere »Positivliste«, manchmal auch als »Präferenzliste« bezeichnet. Sie enthält Substanzen, die wir aktiv als gesund oder ungefährlich in der Nutzung definiert haben. So betrachten wir etwa

- die akute giftige Wirkung beim Schlucken oder Einatmen;
- die chronische giftige Wirkung;
- die gesicherte oder mögliche allergische Wirkung;
- die gesicherte oder mögliche karzinogene, mutagene, teratogene oder hormonell schädigende Wirkung;
- die gesicherte oder mögliche Anreicherung im Körper;
- die giftige Wirkung auf Wasserorganismen (Fische, Wasserflöhe, Algen, Bakterien) oder Bodenorganismen;
- die ökologische Abbaubarkeit;
- das Potenzial zur Zerstörung der Ozonschicht;
- ob alle Nebenprodukte dieselben Kriterien erfüllen.

Kurzfristig bleibt als Möglichkeit nur die passive Umgestaltung des Produkts innerhalb des bestehenden Produktionsrahmens; wir analysieren nur unsere Ingredienzien und setzen Ersatzstoffe ein, wo es möglich ist, mit dem Ziel, so viele Zutaten wie möglich von der P-Liste zu verwenden. Wir überdenken neu, woraus das Produkt gemacht ist, nicht, was es grundsätzlich *ist* – oder wie es vermarktet und eingesetzt wird. Wenn Sie ein Abendessen planen, dann denken Sie vielleicht nicht nur daran, organisch erzeugtes, hormonfreies Rindfleisch zu kaufen, sondern – nachdem sie auf einem Bauernmarkt Spinat gefunden haben – auch daran, Biogemüse zu verwenden und die Nüsse im Kuchen wegzulassen, weil man Ihnen gesagt hat, dass ein

Gast allergisch dagegen ist. Aber das Menü bleibt grundsätzlich dasselbe.

So könnte etwa ein Hersteller von Polyesterstoffen, der entdeckt hat, dass der blaue Farbstoff, den er benutzt, mutagen und Krebs erregend ist, auf einen anderen, ungefährlicheren blauen Farbstoff zurückgreifen. Wir verbessern das bereits bestehende Produkt Schritt für Schritt und verändern, was wir können, ohne das Produkt von Grund auf infrage zu stellen. Wenn wir ein Auto unter die Lupe nehmen, könnten wir (wie wir es auch getan haben) einem Hersteller vielleicht helfen, auf eine antimonfreie Polsterung und Auslegware auszuweichen, aber wir überdenken damit noch nicht das fundamentale Design des Autos. Wir könnten statt eines kadmiumhaltigen Gelbs eine gelbe Farbe ohne Kadmium einsetzen. Wir könnten eine gewisse Zahl problematischer, verdächtiger oder einfach unbekannter Substanzen ausschalten, falls wir das Produkt auch ohne sie herstellen können. So weit gefasst und so genau wie möglich betrachten wir das, was *ist.* Manchmal kommen zweifelhafte Substanzen in einem Produkt nicht über die Inhaltsstoffe hinein, sondern von etwas in der oder um die Anlage herum, die es herstellt, wie etwa durch ein Maschinenschmiermittel, für das sich meist leicht ein weniger problematischer Ersatz findet.

Dennoch fängt es bei diesem Schritt oft schon an, richtig wehzutun. Auch wenn das Unternehmen bisher noch kein vollständiges Redesign des Produkts in Angriff genommen hat, muss das neue doch die Qualität des alten Produkts mit sich allmählich verändernden Inhaltsstoffen erreichen – der Kunde will ein Blau, das genauso aussieht wie das alte Blau. Es kann schon entmutigend sein, sich einfach nur mit der Komplexität eines bestimmten Produkts zu befassen – stellen Sie sich vor, Sie entdecken (wie es uns passiert ist), dass ein ganz einfaches, alltägliches Produkt, das in vielen Herstellungsprozessen Verwendung findet, 138 bekannte oder verdächtige gefährliche Inhaltsstoffe hat. Und dennoch ist diese Stufe der Anfang eines echten Wandels, und der Inventarisierungsprozess kann Kreativität freisetzen. Er regt vielleicht zur Entwicklung einer neuen Produktlinie an, die die mit dem alten Produkt verbundenen Probleme meidet. Damit repräsentiert sie einen Paradigmenwechsel und führt direkt zu …

## Schritt 4: Erstellen Sie aktive Positivlisten

Hier wird es ernst mit dem Redesign, hier beenden wir den Versuch, weniger schlecht zu sein, und versuchen stattdessen herauszufinden, wie wir gut sein können. Jetzt stehen die öko-effektiven Prinzipien am Anfang, so dass das Produkt von Beginn an mit Blick darauf geplant ist, später zu einem Nährstoff in biologischen oder technischen Metabolismen zu werden. Kulinarisch gesprochen ersetzen Sie nicht mehr einzelne Zutaten – Sie haben das Rezept aus dem Fenster geworfen und fangen ganz neu an, mit einem Korb voll leckerer, nahrhafter Zutaten, mit denen Sie gerne kochen und die Ihnen alle möglichen Anregungen geben, so dass Ihnen das Wasser im Munde zusammenläuft.

Wenn wir mit einem Automobilhersteller arbeiten, haben wir bis zu diesem Punkt alles über das Auto, wie es ist, gelernt. Wir wissen, woraus es gemacht ist und wie die Materialien zusammengesetzt werden. Jetzt wählen wir neue Materialien aus – mit dem Blick darauf, wie sie gefahrlos und sinnvoll in biologische und technische Kreisläufe eingebracht werden können. Wir könnten Materialien für die Bremsbeläge und Gummitypen für die Reifen auswählen, die ohne Gefahr abreiben und echte Verbrauchsprodukte werden. Wir könnten die Sitze mit einem »essbaren« Stoff beziehen. Wir könnten ökologisch abbaubare Farben verwenden, die man vom Untergrund aus Stahl abkratzen kann, oder Polymere, die überhaupt kein Färben erfordern. Wir könnten die Demontage des Autos von vornherein einplanen, so dass der Stahl, das Plastik und andere technische Nährstoffe der Industrie noch einmal zur Verfügung stünden. Wir könnten den Materialien selbst Informationscodes zu allen Inhaltsstoffen aufprägen, in einer Art »Upcycling-Pass«, der von Scannern gelesen und von zukünftigen Generationen produktiv genutzt werden könnte. (Dieses Konzept könnte auf viele Sektoren der Planung und Herstellung angewendet werden. Ein neues Gebäude könnte einen Upcycling-Pass bekommen, in dem alle Substanzen verzeichnet sind, die beim Bau eingesetzt wurden, und gleichzeitig dargelegt wird, welche für eine zukünftige Nutzung in welchem Kreislauf brauchbar sind.)

Dies sind gewaltige Verbesserungen des gegenwärtigen Paradigmas »Auto«. Es wird nicht auf dem Autofriedhof landen. Und dennoch ... es ist immer noch ein Auto. Und das gegenwärtige System mit seinen wachsenden Automassen auf immer größeren Asphaltflächen ist nicht unbedingt ideal für die Welt des Überflusses, die wir uns vorstellen. (Buckminster Fuller pflegte zu scherzen, dass außerirdische Wesen, die auf der Erde landen wollten, aus einer Höhe von ein paar tausend Metern wahrscheinlich annehmen würden, dass sie von Autos bewohnt sei.) Für den Einzelnen können Autos Spaß bedeuten, aber schreckliche Verkehrsstaus und eine Welt unter Asphalt sind einfach kein Spaß. Gehen wir also, nachdem wir das Auto als Auto so weit wie möglich perfektioniert haben, über zu ...

### Schritt 5:
### Erfinden Sie alles neu

Jetzt machen wir mehr, als für biologische und technische Kreisläufe zu planen. Wir krempeln den Designauftrag völlig um. Er lautet nicht mehr: »Entwickeln Sie ein Auto«, sondern:

»Entwickeln Sie ein ›Nutrivehicle‹, ein ›Nährfahrzeug‹.« Statt darauf zu zielen, Autos mit geringen oder ganz ohne negative Emissionen zu bauen, machen wir uns Gedanken über Autos, die so gebaut sind, dass sie *positive* Emissionen liefern und andere nahrhafte Auswirkungen auf die Umwelt haben. Der Motor des Autos wird wie eine Chemiefabrik behandelt, die nach Vorbildern aus der Natur modelliert ist. Alles, was das Auto ausstößt, ist nahrhaft für die Natur oder für die Industrie. Wenn es Kraftstoff verbrennt, könnte der Wasserdampf aus den Emissionen aufgefangen, wieder in Wasser umgewandelt und genutzt werden. (Gegenwärtig gibt das Durchschnittsauto pro Liter Kraftstoff, den es verbrennt, fast vier Fünftel Liter Wasser in die Luft ab.) Statt den Katalysator so klein wie möglich zu machen, könnten wir Methoden entwickeln, um Stickoxid als Dünger zu verwenden, und unser Auto so umbauen, dass es während der Fahrt so viel wie möglich davon produziert und lagert. Warum lagert man den Kohlenstoff, den das Auto bei der Verbrennung von Benzin als Kohlendioxid produziert, nicht als Kohlenschwarz in Kanistern und verkauft ihn dann an Gummiproduzenten? Mit Hilfe der Strömungsmechanik könnten Autoreifen so gebaut werden, dass sie schädliche Partikel anziehen und festhalten und damit die Luft reinigen, statt sie weiter zu verschmutzen. Und natürlich könnten alle Materialien des Autos nach dem Ende seines nützlichen Lebens wieder in den biologischen oder technischen Kreislauf zurückkehren.

Treiben wir den Designauftrag noch weiter: »Entwickeln Sie eine neue Transportinfrastruktur!« Mit anderen Worten: »Erfinden Sie nicht nur das Rezept neu, sondern überdenken Sie das ganze Menü!«

Die Transportinfrastruktur, die wir kennen, dehnt sich meist immer weiter aus und frisst wertvolle natürliche Lebensräume oder Land, das zum Wohnen oder für die Landwirtschaft benutzt werden könnte. (Der Raumbedarf von Straßen in Europa liegt etwa gleichauf mit der für das Wohnen genutzten Fläche, und beide machen sich daran, den landwirtschaftlichen Flächen den Rang abzulaufen.) Die konventionelle Entwicklung vernichtet also Lebensqualität durch Verkehrslärm, Abgase und den abstoßenden Anblick, den sie bietet. Ein Nährfahrzeug, das keine stinkenden Abgase verbreitet, eröffnet einen Weg hin zu neuen, ganz anderen Autobahnen. Sie könnten überdeckt werden und damit neuen grünen Raum zum Wohnen, zur Erholung oder als landwirtschaftliche Nutzfläche liefern. (Dies könnte weniger aufwändig sein, als man zunächst denkt. In vielen Gegenden gehören die Straßen zu den wenigen öffentlichen Flächen, die noch von grünen Feldern gesäumt sind.)

Wenn es in zwanzig Jahren auf unserem Planeten dreimal so viele Autos gibt wie heute, dann ist es natürlich eigentlich egal, ob das hocheffiziente ultraleichte Autos aus den technisch modernsten Kohlenfasern mit einem Verbrauch von drei Litern auf hundert Kilometern sind oder sogar Nährfahrzeuge. Der Planet wird von Autos wimmeln, und wir werden andere Optionen brauchen. Ein noch weiterreichender Auftrag? »Entwickeln Sie Transport!«

Das klingt abgehoben? Natürlich. Aber immerhin war auch das Auto an sich eine abgehobene Vorstellung in einer Welt der Pferde und Kutschen.

Dieser letzte Schritt hat kein wirkliches, absolutes Ende und könnte zu einer ganz anderen, neuen Art Produkt führen. Aber er bedeutet eine Evolution dieses Produkts in dem Sinne, dass er die Grenzen angeht, deren Sie sich bei den vorhergehenden Schritten bewusst geworden sind. Design basiert auf dem Versuch, menschliche Bedürfnisse in einem sich entwickelnden technischen und kulturellen Kontext zu erfüllen. Wir beginnen damit, indem wir die Positivliste aktiv auf bestehende Dinge anwenden, dann auf Dinge, die sich nur allmählich abzeichnen oder noch nie gedacht worden sind. Wenn wir das Beste zu erreichen suchen, öffnen wir unsere Fantasie radikal neuen Möglichkeiten. Wir fragen: Wie sehen die Bedürfnisse des Kunden aus, wie entwickelt sich die Kultur und wie können diese Ziele durch ansprechende und neue Arten von Produkten oder Dienstleistungen erreicht werden?

## Fünf Leitprinzipien

Eine öko-effektive Vision ist nicht im Handumdrehen umzusetzen. Es gehen immer viele Versuche und Fehlschläge voraus – und man muss Zeit, Anstrengung, Geld und eine vielfältige Kreativität einsetzen. Der Sportbekleidungshersteller Nike ist ein Unternehmen, das einige öko-effektive Initiativen gestartet hat, um neue Materialien und neue Szenarien des Produkteinsatzes und der Wiederverwendung zu prüfen. Ein Vorhaben des Unternehmens ist das Gerben von Leder ohne problematische Giftstoffe, damit dieses Leder später gefahrlos kompostiert werden kann. Weil das Gerben so viele Produkte betrifft – darunter auch Autos, Möbel und Bekleidung –, könnte eine solche Initiative nicht nur eine, sondern verschiedene Branchen verändern. Nike testet außerdem eine saubere neue Gummikomponente, die ein biologischer Nährstoff sein wird und ebenfalls eine revolutionäre Wirkung auf viele Industriezweige haben könnte. Gleichzeitig erforscht das Unternehmen Innovationen auf der Ebene der Wiedergewinnung. Es versucht also nicht nur, technische und biologische Nährstoffe herzustellen, sondern auch Systeme aufzubauen, um diese wieder zurückzubekommen. Der Prozess verläuft notwendigerweise in allmählichen Schritten – in der derzeitigen Übergangsphase der Einführung der neuen Schuhe trennt und zermahlt Nike das Oberleder, die Laufsohle und die abpolsternde Mittelsohle und arbeitet dann mit Lizenznehmern zusammen, um Oberflächen für Sportanlagen herzustellen (ein noch immer relativ hochwertiger Einsatz, da diese Materialien sowohl Schutz vor den Elementen wie auch Schockabsorption bieten müssen). Das Ziel bleibt das Upcycling, angepasst an verschiedene örtliche Gegebenheiten und Kulturen, aber nicht jedes Experiment wird erfolgreich sein. Wie Darcy Winslow, Nikes leitende Direktorin für Damenschuhe und für Nachhaltigkeit in den Geschäftsstrategien, darlegt, haben in mittel- und hochtechnisierten Branchen Innovationen üblicherweise eine Erfolgsrate von 10 bis 15 Prozent. Das Unternehmen hat verschiedene Pilotprogramme gestartet, um allmählich die Komplexität eines Rücknahmesystems zu verstehen – in der Erwartung, dass eines oder mehrere davon vielleicht irgendwann funktionieren werden. Nike verkauft seine Produkte in fast 110 Ländern, deshalb müssen die Programme auch regionale und kulturelle Besonderheiten beachten.

Es gibt ein paar Dinge, die Industriedesigner und Unternehmensführer tun können, um diesen Übergang auf allen Stufen zu lenken und die Erfolgschancen zu erhöhen:

*Machen Sie Ihre Absicht deutlich!*

Engagieren Sie sich für ein neues Paradigma statt für eine allmähliche Verbesserung des alten. Wenn zum Beispiel ein Unternehmensleiter sagt: »Wir werden ein solargetriebenes Produkt herstellen«, dann ist dies ein deutliches Signal. Jeder versteht die positiven Absichten des Unternehmens, zumal ein vollständiger und sofortiger Wandel in einem Markt, der vom Status quo regiert wird, schwierig ist. In diesem Fall besteht die Absicht nicht darin, ein bisschen effizienter zu sein oder das alte Modell zu verbessern, sondern den Rahmen selbst zu ändern.

Die Beschäftigten »an der Basis« brauchen diese Vision von oben, besonders wenn sie innerhalb des Unternehmens auf

Widerstand stoßen. Tim O'Brien, der vor kurzem zum Vizepräsidenten für Immobilien bei Ford befördert wurde und jetzt für die Kooperation mit anderen Unternehmen zuständig ist, sagt: »Ich weiß, wo ich mein ›Ja‹ kriege: im zwölften Stock«, wo bei Ford der Vorstand sitzt. »Es mag Auseinandersetzungen über die nächsten Schritte bei Ford geben, aber es gibt keine Auseinandersetzungen über die große Richtung.«

Allerdings ist wichtig, dass die Signale zu beabsichtigten Veränderungen auf gesunden Prinzipien basieren, so dass ein Unternehmen nicht nur Signale im Hinblick auf die Veränderung von Materialien aussendet, sondern auch im Hinblick auf einen Wertewandel. Wenn etwa die Sonnenkollektoren, die ein Unternehmen neuerdings mit Energie versorgen, aus giftigen Schwermetallen gemacht sind und man keinen Gedanken an ihre weitere Verwendung oder Entsorgung verschwendet hat, dann ist das Energieproblem einfach durch ein Materialproblem ersetzt worden.

*Geben Sie etwas zurück!*

Bemühen Sie sich um ein »gutes Wachstum«, nicht einfach um ökonomisches Wachstum. Stellen Sie sich die Ideen, die wir hier vorgestellt haben – und Designs allgemein –, als Saatgut vor. Dieses Saatgut kann alle möglichen kulturellen, materiellen und sogar spirituellen Formen annehmen. So kann zum Beispiel ein heruntergekommenes Stadtviertel mit Saatgut wie etwa einem neuen Verkehrssystem, innovativen Dienstleistungen, die nicht mit Abfall und Flächenverbrauch verbunden sind, Gewässerreinigung, einer Vergrößerung der Grünflächen und dem Anpflanzen von Bäumen für eine sauberere Luft und mehr Schönheit, der Restaurierung alter und zerfallender Häuser, der Wiederbelebung von Schaufenstern und Marktplätzen gefördert werden. In kleinerem Maßstab können Gebäude zur Verbesserung des Umfelds beitragen: Wie ein Baum können sie

Wasser reinigen und es in einer reineren Form in die Umwelt abgeben, Sonneneinstrahlung für ihre eigenen Funktionen gewinnen, Lebensraum zur Verfügung stellen (Planer können Dächer und Höfe etwa für Vögel attraktiv machen) und der Umwelt etwas zurückgeben. Und natürlich: Entwickeln Sie Produkte, die etwas zurückgeben: biologische und technische Nährstoffe.

*Seien Sie bereit, bei der Innovation weiterzugehen!*
Egal, wie gut Ihr Produkt ist, denken Sie daran, dass die Perfektionierung eines bestehenden Produkts nicht notwendigerweise die beste Investition ist. Denken Sie an den Eriekanal, dessen Bau vier Jahre dauerte und der damals als ein Wunder an Effizienz gepriesen wurde. Doch seine Erbauer und Investoren hatten nicht damit gerechnet, dass mit dem Aufkommen von billiger Kohle und Stahl der sofortige Niedergang des Kanals vorherbestimmt war. Die Eisenbahn war um ein Vielfaches schneller, billiger und bequemer. Als der Kanal fertig war, hatte sich eine neue, besser angepasste Transporttechnik entwickelt.

Wenn die Brennstoffzelle zum Motor der Wahl in der Kfz-Industrie wird, dann geraten jene Unternehmen, die sich auf die Leistung und Effizienz von Verbrennungsmotoren konzentriert haben, vielleicht ins Hintertreffen. Sollten Sie mit dem weitermachen, was Sie jetzt machen? Oder ist es an der Zeit, sich eine neue Nische zu schaffen? Innovation heißt auch, dass man Signale außerhalb des Unternehmens zur Kenntnis nimmt: Signale in der Gemeinde, der Umgebung und der Welt als Ganzer. Seien Sie offen für »Feedforward«, nicht nur für Feedback.

*Verstehen Sie die Lernkurve und bereiten Sie sich darauf vor!*
Akzeptieren Sie, dass Veränderung schwierig und chaotisch ist und zusätzliche Materialien und Zeit erfordert. Eine gute Analogie ist die Entwicklung eines Flügels. Wenn man fliegen will,

braucht man irgendwann den chaotischen Überschuss zusätzlicher Materialien, die Redundanz – und freie Hand für die Abteilung Forschung und Entwicklung –, um einen Flügel wachsen zu lassen. (Viele Wissenschaftler glauben, dass Flügel sich als ein Zweitgebrauch von aus Kälteschutzgründen gefiederten Gliedmaßen entwickelt haben.) Der Biologe Stephen Jay Gould hat dieses Konzept sehr schön dargelegt. Seine Beschreibung kann auch der Industrie nützlich sein: »Alle biologischen Strukturen (aller Größenordnungen von den Genen bis zu den Organen) erhalten sich ein Leistungsvermögen für massive Redundanz …, das heißt die Fähigkeit, mehr Dinge oder Informationen zu produzieren, als minimal für eine Anpassung gebraucht werden. Dieses ›Zusatz‹-Material steht dann zur Verfügung, um evolutionäre Neuheiten zu bauen, weil genügend übrig bleibt, um die ursprüngliche und noch immer notwendige Funktion auszuführen.«[2] Form folgt Evolution.

Sie wissen heute vielleicht noch gar nicht, was Sie in der Zukunft neu produzieren müssen, aber wenn all Ihre Ressourcen in den Basisfunktionen gebunden sind, dann wird für Innovationen und Experimente nie etwas übrig sein. Die Fähigkeit, sich anzupassen und Neues zu schaffen, erfordert einen »lockeren Rahmen« – Raum, um auf neue Art zu wachsen. Statt all seine Zeit und sein Geld für die Ausarbeitung der kleinsten Einzelheiten eines bestehenden Fahrzeugs auszugeben, könnte ein Automobilhersteller auch ein weiteres Auto parallel entwickeln: ein innovatives Fahrzeug, das auf dem »Feedforward« basiert. Innovatives Design braucht Zeit zur Entwicklung, aber Sie können sicher sein, dass in zehn Jahren das »perfekte« Fahrzeug von heute der Vergangenheit angehören wird, und wenn Sie dann nicht das ganz neue Modell haben, dann hat es einer Ihrer Mitbewerber.

*Schieben Sie Verantwortung nicht auf nachfolgende Generationen ab!*
1789 schrieb Thomas Jefferson einen Brief an James Madison, in dem er dafür eintrat, dass eine nationale Schuldverschreibung innerhalb einer Generation zurückgezahlt werden sollte, denn, wie er es ausdrückte: »Die Erde gehört ... den Lebenden ... Niemand kann aus einem Naturrecht heraus die Ländereien, die er besessen hat, oder die Personen, die ihm in jenem Besitz nachfolgten, zur Zahlung von Schulden verpflichten, die er gemacht hat. Denn wenn er das dürfte, dann könnte er während des eigenen Lebens die Nutzungsmöglichkeit des Landes auf mehrere Generationen hinaus verbrauchen, und dann würde das Land den Toten gehören und nicht den Lebenden.«

Der Kontext ist ein anderer, aber die Logik ist und bleibt zeitlos schön. Fragen Sie sich also: Wie können wir die Rechte aller lebenden Organismen fördern und auf Dauer sicherstellen, sie in einer Welt des Überflusses zu genießen? Wie können wir die Nachkommen aller Lebewesen – und nicht nur unsere eigenen – für alle Zeiten lieben? Stellen Sie sich vor, wie eine Welt des Wohlstands und der Gesundheit in der Zukunft aussehen wird, und beginnen Sie jetzt sofort, dafür zu planen. Was würde es bedeuten, wieder zum Eingeborenen hier auf der Erde – der Heimat *aller* unserer Verwandten – zu werden? Dies wird unser aller Kräfte erfordern, und es wird eine ewige Aufgabe sein. Aber schließlich ist ja genau das die Chance für uns Menschen und für alle Lebewesen auf dieser wunderschönen kleinen Erde.

# Danksagung

Wir wissen gar nicht, wo wir mit dem Dank an all die Menschen beginnen sollen, die zu den Ideen dieser Seiten beigetragen haben und die uns bei dieser Diskussion und Arbeit weltweit weitergebracht und unterstützt haben. Die Liste wäre endlos und doch nicht vollständig. Deshalb – wir sind euch allen sehr dankbar.

Besonders erwähnen möchten wir die Menschen, die dieses Buch möglich gemacht haben, die an ihm gearbeitet haben und an seiner Entstehung beteiligt waren. Ein besonderer Dank geht an Lisa Williams für ihre redaktionellen Anstrengungen während des ganzen Projekts. Wir möchten auch anderen danken, deren Einfallsreichtum und Kreativität auf vielfältige Weise zu der Form dieses Buches beigetragen haben: Janine James, Charlie Melcher, unserer Agentin Melanie Jackson, unserer Lektorin Becky Saletan bei North Point Press – die ein neues Paradigma für das Büchermachen angestoßen hat – und Anne Johnson für ihre so hilfreichen Recherchen. Ein besonderer Dank gilt aber auch den Übersetzerinnen des Buches ins Deutsche und dem geduldigen Berliner Taschenbuch Verlag.

Und vor allem möchten wir uns bei unseren Familien bedanken: Danke an Michelle, Drew und Ava von Bill und an Monika, Jonas, Nora und Stella von Michael. Wir wissen zu schätzen, was ihr uns schenkt.

# Anmerkungen

## 1. Eine Frage des Designs

1 John Clare (1793–1864), »Letters to Messrs Taylor and Hessey, II«, in: *The Oxford Authors: John Clare*, hrsg. von Eric Robinson und David Powell, Oxford und New York 1984, S. 457.

2 James P. Womack, Daniel Jones und Daniel Ross, *Die zweite Revolution in der Autoindustrie: Konsequenzen aus der weltweiten Studie des Massachusetts Institute of Technology*, Frankfurt am Main 1992, S. 25–34.

3 Zitiert in Ray Batchelor, *Henry Ford: Mass Production, Modernism, and Design*, Manchester und New York 1994, S. 20.

4 Ibid., S. 41.

5 Ralph Waldo Emerson, »Nature«, in: *Selections from Ralph Waldo Emerson*, hrsg. von Stephen E. Whicher, Boston 1957, S. 22.

6 Robert Ayres und A. V. Neese, »Externalities: Economics and Thermodynamics«, in: *Economy and Ecology: Towards Sustainable Development*, hrsg. von F. Archibugi und P. Nijkamp, Dordrecht 1989, S. 93.

7 Marla Cone, »River Pollution Study Finds Hormonal Defects in Fish Science: Discovery in Britain Suggests Sewage Plants Worldwide May Cause Similar Reproductive-Tract Damage«, *Los Angeles Times*, 22. September 1998.

8 DuPont, BP, Royal Dutch Shell, Daimler Chrysler, Texaco und General Motors haben sich von der Global Climate

Coalition distanziert, einer von Industriellen unterstützten Gruppe, die die Frage der globalen Erwärmung unberücksichtigt lässt.

9 Die EPA erlässt die zusätzliche Verordnung, der zufolge die für verschmutzte Regionen geltenden Gesetze für Produktionsanlagen, die in solchen Gebieten liegen, verbindlich sind. Siehe Matthew Wald, »Court Backs Most EPA Action in Polluters in Central States«, *The New York Times*, 16. Mai 2001, und Linda Greenhouse, »EPA's Authority on Air Rules Wins Supreme Court's Backing«, *The New York Times*, 8. Februar 2001.

10 1996 wurden die versiegelten Flächen der Tri-State-Region um New York – die Straßen, Gebäude, Parkplätze und nicht bebauten Flächen – mit 30 Prozent angegeben. Eine Generation zuvor waren es noch 19 Prozent gewesen. Die Schätzung für 2020 ist 45 Prozent. Siehe Tony Hiss und Robert D. Yaro, *A Region at Risk: The Third Regional Plan for the New York-New Jersey-Connecticut Metropolitan Area*, Washington, D. C., 1996, S. 7.

11 Wes Jackson hat darauf hingewiesen, dass die Prärie, so wie sie war, mit all ihrer Vielfalt und ihrem Grasland, tatsächlich mehr Kohlehydrate und Protein pro Hektar produzierte als die moderne Landwirtschaft. Aber die konventionelle Landwirtschaft hat sich nicht auf die Bedingungen dieses reichen Ökosystems eingelassen.

12 Paul R. Ehrlich, Anne H. Ehrlich und John P. Holden, *Ecoscience: Population, Resources, Environment*, San Francisco 1970, S. 628.

13 Überall auf der Welt werden Formen der »organischen« Landwirtschaft entwickelt, die Komplexität und Produktivität fördern, und Wechsel von Tieren sowie Fruchtwechsel praktizieren. Zu Einzelheiten siehe die Arbeiten von Sir Albert Howard, J. I. Rodale, Masanobu Fukuoka, Joel Salatin

und Michael Pollan. Ein weiteres Beispiel des »homöostatischen« (nicht monokulturellen) Ackerbaus ist Wes Jackson zufolge die Ackerbaumethode der Amish.

14 Zu einer eingehenden Diskussion über die Unbrauchbarkeit des Bruttosozialproduktes als Messwert und neuen Messwerten für Fortschritt siehe Clifford Cobb, Ted Halsted und Jonathan Rowe, »If the GDP is Up, Why is America Down?«, *Atlantic Monthly*, Oktober 1995, S. 59.

15 Michael Braungart et al., »Poor Design Practices – Gaseous Emissions from Complex Products«, *Project Report*, Hamburg 1997, S. 47.

16 Wayne R. Orr und John W. Roberts, »Everyday Exposure to Toxic Pollutants«, *Scientific American*, Februar 1998, S. 90.

17 In Schweden beginnt man gerade mit der Ausarbeitung von Gesetzen.

18 Braungart et al., »Poor Design Practices«, S. 49.

19 Zu den das Hormonsystem störenden Substanzen siehe Rachel Carson, *Der stumme Frühling*, München 1996, sowie Theo Colborn, Dianne Dumanoski und John Peterson Myers, *Our Stolen Future*, New York 1977 [*Die bedrohte Zukunft: Gefährden wir unsere Fruchtbarkeit und Überlebensfähigkeit?*, München 1998], die sich eingehend mit den Wirkungen synthetischer Chemikalien auf die Gesundheit der Menschen und die Umwelt befassen.

### 2. »Weniger schlecht« ist nicht gut

1 Thomas Malthus, *Population: The First Essay* (1798), Ann Arbor 1959, S. 3, 49.

2 Henry David Thoreau, »Walking« (1863), in: *Walden and Other Writings*, hrsg. von William Howarth, New York 1981, S. 613.

3 Zitiert in Max Oelshaeger: *The Idea of Wilderness: From Prehistory to the Age of Ecology*, New Haven 1992, S. 217.

4 Paul R. Ehrlich, *The Population Bomb*, New York 1968, S. xi, 39.

5 Paul R. Ehrlich und Anne H. Ehrlich, *The Population Explosion*, New York 1984, S. 9, 11, 180 f.

6 Zitiert in Donella H. Meadows, Dennis L. Meadows und Jørgen Randers, *Die neuen Grenzen des Wachstums*, Stuttgart 1992, S. 10.

7 Ibid., S. 256.

8 Ernst Friedrich Schumacher, *Small Is Beautiful: Economics as if People Mattered*, New York 1989 [1973], S. 31, 34 f., 39.

9 Robert Lilienfeld und William Rathje, *Use Less Stuff: Environmental Solutions for Who We Really Are*, New York 1998, S. 26, 74.

10 Joan Magretta, »Growth Through Sustainability: An Interview with Monsanto's CEO, Robert B. Shapiro«, *Harvard Business Review*, Januar–Februar 1997, S. 82.

11 Zitiert in Joseph J. Romm, *Lean and Clean Management: How to Boost Profits and Productivity by Reducing Pollution*, New York 1994, S. 21.

12 World Commission on Environment and Development, *Our Common Future*, Oxford und New York 1987, S. 213.

13 Stephan Schmidheiney, »Eco-Efficiency and Sustainable Development«, *Risk Management* 43:7 (1996), S. 51.

14 »Pollution Prevention Pays«, www.3m.com/about3m/environment/policies_about3P.jhtml.

15 Gary Lee, »The Three R's of Manufacturing: Recycle, Reuse, Reduce Waste«, *Washington Post*, 5. Februar 1996, A3.

16 Theo Colborn, Dianne Dumanoski und John Peterson Myers, *Our Stolen Future*, New York 1997, S. xvi.

17 Mary Beth Regan, »The Dustup Over Dust«, *Business Week*, 2. Dezember 1996, S. 119.

18 Jane Jacobs, *Systems of Survival: A Dialogue on the Moral Foundations of Commerce and Politics*, New York 1992.

19 Zu einer interessanten Diskussion über den »Wert« der Effizienz siehe James Hillman, *Kinds of Power: A Guide to Its Intelligent Uses*, New York 1995, S. 33 f.

## 3. Öko-Effektivität

1 Peter F. Drucker, *Die ideale Führungskraft. Die hohe Schule des Managers*, Düsseldorf 1967.

2 Erich Hoyt, *The Earth Dwellers: Adventures in the Land of Ants*, New York 1996, S. 27, 19.

3 Gretchen C. Daily, Einleitung zu *Nature's Services: Societal Dependence on Natural Ecosystems*, hrsg. von Gretchen C. Daily, Washington, D. C., 1997, S. 4.

4 Zitiert in Clive Ponting, *A Green History of the World: The Environment and the Collapse of Great Civilisations*, New York 1991, S. 148.

## 4. Abfall ist Nahrung

1 Sir Albert Howard bemerkt, dass der »Hauptgrund« für den Niedergang Roms »sich aus vier Aspekten zusammenzusetzen scheint: dem ständigen Abzug der Männer vom Land durch die Legionen, was in den zwei langen Kriegen mit Karthago kulminierte, der Arbeitsweise der römischen kapitalistischen Grundbesitzer, ihrer Unfähigkeit, eine zwischen Ackerbau und Viehzucht ausgeglichene Landwirtschaft zu betreiben, um die Fruchtbarkeit des Bodens zu erhalten, und der Beschäftigung von Sklaven statt freier Arbeiter«. Albert Howard, *An Agricultural Testament*, London 1940, S. 8.

2 William Cronon, *Nature's Metropolis: Chicago and the Great West*, New York und London 1991, S. xv, 19.
3 Zu weiteren Einzelheiten zur nachhaltigen Nutzung des Nils siehe Donald Worster, »Thinking Like a River«, in: *Meeting the Expectations of the Land*, hrsg. von Wes Jackson, Wendell Berry und Bruce Coleman, San Francisco 1984, S. 58 f.
4 Siehe auch F. H. King, *Farmers of Forty Centuries, or: Permanent Agriculture in China, Korea, and Japan*, London 1925.
5 Clive Ponting, *A Green History of the World: The Environment and the Collapse of Great Civilizations*, New York 1991, S. 355.
6 Kyra Butzel, »Packaging's Bad ›Wrap‹«, *Ecological Critique and Objectives in Design* 3:3 (1994), S. 101.
7 Michael schlug dieses Konzept 1986 vor. Man muss jedoch anmerken, dass es noch nicht optimiert ist: Bislang konnte keines der Unternehmen, die es übernommen haben, das Lösungsmittel als technischen Nährstoff zurückführen.

## 5. Vielfalt zelebrieren und fördern

1 Erich Hoyt, *The Earth Dwellers*, New York 1996, S. 211 ff.
2 John Terborgh, *Diversity and the Tropical Rain Forest*, New York 1992, S. 70 f. [*Lebensraum Regenwald. Zentrum biologischer Vielfalt*, Heidelberg 1993].
3 William K. Stevens, »Lost Rivets and Threads, and Ecosystems Pulled Apart«, *New York Times*, 4. Juli 2000.
4 Adam Smith, *Der Wohlstand der Nationen. Eine Untersuchung seiner Natur und seiner Ursachen*, München 1974, S. 371.
5 Karl Marx und Friedrich Engels, *Das Kommunistische Manifest*, Singen/Hohentwiel, 1946 [1890], S. 9.
6 Siehe Murray Feshbach und Alfred Friendly jr., *Ecocide in the U.S.S.R.: Health and Nature under Siege*, New York 1992.

7 Unser Fraktaldiagramm ist nach dem Sierpinski-Dreieck modelliert, benannt nach dem polnischen Mathematiker, der es im Jahr 1919 erfand.

8 Genaueres zu diesem Konzept findet man in den Arbeiten von John Elkington unter www.sustainability.com.

## 6. Die Umsetzung von Öko-Effektivität

1 Charles Sorenson, *My Forty Years with Ford*, New York 1956, S. 174 f.

2 Stephen Jay Gould, »Creating the Creators«, *Discover*, Oktober 1996, S. 43–54.

# Gebrauchsanweisungen für das 21. Jahrhundert

Eine Taschenbuchreihe über Trends von morgen, Ideen, Mächte, Kulturen und die Umwälzungen in Wissenschaft und Technik.
Herausgegeben von Gero von Randow

Dietmar Dath
*Schöner rechnen*
Die Zukunft der Computer

Christian Ankowitsch
*Generation Emotion*
Die Zukunft der Gefühle und wie sie uns steuern

Bas Kast
*Revolution im Kopf*
Die Zukunft des Gehirns

Michael Braungart / William McDonough
*Einfach intelligent produzieren*
Cradle to cradle: Die Natur zeigt, wie wir die Dinge besser machen können

In Vorbereitung

Ulf von Rauchhaupt
*Die Zukunft des Wissens*
Vom Lernen und Vergessen

Tom Fischermann
*Next Economy*
Warum Medienkonzerne keine Zukunft haben

Berliner Taschenbuch Verlag